AHRIMAN-Verlag
Unser Programm ist die
Wiederkehr des Verdrängten

Fritz Erik Hoevels

Richard Dawkins – der Haeckel unserer Zeit
Würdigung und Kritik

Bibliographische Information der Deutschen Nationalbibliothek

Die Deutsche Nationalbibliothek verzeichnet diese Publikation in der Deutschen Nationalbibliographie; detaillierte bibliographische Daten sind im Internet über HTTP://DNB.D-NB.DE abrufbar.

FRITZ ERIK HOEVELS
Richard Dawkins – der Haeckel unserer Zeit
Würdigung und Kritik

Copyright © 2008 AHRIMAN-Verlag GmbH

AHRIMAN-Verlag GmbH
Postfach 6569, D-79041 Freiburg
Tel. 0761/502303, Fax 0761/502247

www.ahriman.com

Bestellungen per Email: ahriman@t-online.de oder einfacher über den Warenkorb auf unserer Homepage.
(Bitte geben Sie bei Email-Bestellungen Ihre vollständige Postanschrift an.)

Alle Rechte, auch die des auszugsweisen Nachdrucks, der photomechanischen, der elektronischen und jedweder sonstigen Wiedergabe, Speicherung und Bearbeitung vorbehalten.

ISBN 978-3-89484-817-0

Gedruckt auf säurefreiem und alterungsbeständigem Papier.

Bestellungen an den Verlag werden innerhalb einer Woche bearbeitet.
Nichtantwort beweist NATO-Postzensur.
(In diesem Falle Bestellung per Einschreiben wiederholen – Lektion für fdGO- und Zufallsgläubige, ein Nachhilfeunterricht in Staatsbürgerkunde.)

Richard Dawkins –
der Haeckel unserer Zeit

Würdigung und Kritik

»Warum«, fragte ich Shelley, »nennen Sie sich einen Atheisten? In dieser Welt vernichtet Sie das.«

»Das ist ein Schimpfwort, um Diskussionen zu beenden, ein an die Wand gemalter Teufel, der die Dummen erschrecken soll, eine Drohung gegen die Weisen und die Guten. Ich griff das Wort auf, wie ein Ritter einen Fehdehandschuh aufnahm, um das Unrecht und die Ungerechtigkeit herauszufordern. Die Verblendung des Christentums ist verhängnisvoll, denn sie beschränkt das Denken.«

NACHDEM er viele Bücher aus der Maske des »Wissenschaftlers« heraus geschrieben hatte – eine völlig legitime Strategie in einer von den Mächten der Lüge und der Finsternis beherrschten Gesellschaft, deren in langer Selektion verläßlich gewordene Diener und Repräsentanten über Öffentlichkeitszugänge wie Universitätsstellen entscheiden –, hat der hervorragende englische Biologe Richard Dawkins, den man fast den Haeckel unserer Zeit nennen könnte und der darum sich mit diesem auch dessen Feinde und Verleumder teilt, ein neues Buch veröffentlicht, das anscheinend sofort mehr Aufmerksamkeit fand als seine populärwissenschaftlichen Vorgänger und in dem er ungetarnt und direkt als Aufklärer auftritt (eben das neueste: Der Gotteswahn, ⁷Berlin 2007 [Ullstein]).[1]

Es ist nicht sein bestes – dieser Ehrentitel geht am ehesten an das einfach Wort für Wort empfehlenswerte, äußerst erhellende und grundlegende ›Egoistische Gen‹, vielleicht an den ebenso vorzüglichen ›Blinden Uhrmacher‹ oder den ›Gipfel des Unwahrscheinlichen‹. Die psychologisch unfehlbare Treffsicherheit der Beispielwahl, die Dawkins dort zur Erleichterung des Begreifens grundlegender (dort biologischer) Gedanken beweist, ohne welche jedes Zwangsmitglied unserer Spezies für alle Zeit ein von Priestertrug, Lehrergewäsch und Pressegeröhre gebeutelter armer Tropf bleiben muß, kenne ich in dieser wahrhaften Schwarzgürtelqualität sonst nur noch von Freud. Gehaltvollere und nützlichere Bücher kann kein Freund oder Verwandter begabten Heranwachsenden zwischen 13–17 Jahren schenken, vielleicht auch schon noch etwas Jüngeren – man soll Kinder nicht unterschätzen, und solche Bücher sind u. U. so nützlich wie eine rechtzeitige Enzephalitisimpfung. Leider waren sie aber immer keineswegs alle verfügbar, kosteten zeitweise schon als bloße Taschenbücher antiquarisch bis zu über 100 €, was, bedenken wir

---

[1] Alle hier erwähnten Werke von Dawkins werden nach Siglen zitiert, welche im Siglenverzeichnis am Ende der Broschüre zu finden sind. (Der ›Gotteswahn‹ ist also G.) Wird fortlaufend aus demselben Buch zitiert, erscheint nur die Seitenangabe, damit der Leser es sofort erkennt, wenn ich zu einem *fortlaufenden* Text argumentiere.

die verkaufte Millionenauflage der ›Gottestäuschung‹, wegen des erwartbaren »Huckepackeffekts« todsicher keine ökonomischen Gründe hatte (in Deutschland gehören die entsprechenden Verlage über Beteiligungen und Strohmänner einer der beiden Hitlerkonkordatskirchen bzw. werden von diesen kontrolliert, was z.B. während des Falles Annemarie Schimmel sehr deutlich wurde).

Das ist aufgrund meiner Eingangsfeststellung, wenn sie denn nun zutrifft, sehr bedauerlich. Gewiß, es findet sich in unserem jüngsten Buch des Meisters kein unlogischer Anschluß, keine unmittelbar falsche Aussage, einen oder mehrere Götter gibt es ja wirklich nicht, und die fakultative, unehrliche Blödsinnigkeit ihrer Apologeten, welche ohne gesellschaftliche Gewalt im Rücken für ihr dummes Zeug keine Verbreitungschancen fänden, kommt klar und angemessen heraus (vor allem hinsichtlich Aristoteles, Thomas von Aquin, von dem rekordhaft blödsinnigen »Gottesbeweis« des hl. Anselm ganz zu schweigen). Aber zu alledem reicht eigentlich der gesunde Menschenverstand bzw. ein wenig Logikbegabung restlos aus; um diese argumentativen Fliegengewichte der Menschheit aus dem Ring zu boxen, solange sie ihren »Großen Bruder« oder weltlichen Arm nicht zu Hilfe holen können, braucht man kaum mehr als ein gesundes Kind zu sein, kein Cassius Clay in seinen besten Tagen und eben, um die Metapher wieder zu verlassen, auch kein ausgebildeter Biologe, erst recht kein großartiger und vorzüglicher, wie es Dawkins ohne Zweifel ist, wie seine frühen und grundlegenden, das evolutionäre Geschehen besser als bisher verständlich werden lassenden Stockentenbeobachtungen und deren Auswertung jedem Urteilsfähigen längst gezeigt haben. Oder noch anders: um ›Hänschen klein‹ perfekt spielen zu können, muß man kein begnadeter Pianist sein – und größere Probleme für denkfähige Menschen als besagte Melodie für Klavierspieler bietet das theologische Gewäsch aller Zeiten und Völker einfach nicht. Das Problem ihrer angemessenen Würdigung (als ziemlich billige Mogelei und saublödes *definition evading* oder *petitio principii*) ist ausschließlich die Furcht bzw. das dauernde gesellschaftliche Reingeröhre und Reingequatsche einer ausschließlich für diesen Zweck dressierten und unterhaltenen Spezialistenkaste (keineswegs nur Priester!), also von Leuten, die ihre Aufgabe mit der Verläßlichkeit, Automatik und Hirnlosigkeit einer termitischen Soldatenkaste erledigen. Die Furchtniederschläge dieses frühen Dauererlebens im eigenen Kopf zu orten und auszuschalten und die, sobald man spricht, dressiert hereinplatzenden Quatscher ruhigzustellen, ist das einzige wirkliche Problem im Umgang mit religiösen Stoffen und Behauptungen; die Sachfrage bietet niemals nennenswerte Probleme, sobald man die gerechte Lösung jeder Beweislastfrage erst einmal stabil verinnerlicht hat, was auch nicht schwer ist.

Wie aber kann dann unser vorliegendes Buch derart dick werden? – Nun, Götter und Geister, neuronale Funktionen ohne Neuronen (= körperlose Seelen) oder ernsthafte Wunder im strengen Sinne des Wortes gibt es zwar nicht, und ohne Furcht von innen und Geplärr von außen kommt man auch schnell dahinter, aber was es gibt, sind Menschen, die derlei Zeug glauben oder vielmehr: die sich verpflichtet fühlen, sich einzureden, daß sie es glaubten bzw. Angst empfinden, wenn sie merken, daß sie es in Wahrheit nicht glauben oder daß das Sich-Einreden, sie glaubten es doch, irgendwie klemmt. Dieses Phänomen ist schon wesentlich verzwickter als die ziemlich rasch mögliche Entscheidung, daß es das, was sie sich einreden, nicht gibt. Denn warum reden sie es sich dann ein? Warum reden sie sich ein, sie redeten es sich eigentlich gar nicht ein, sondern seien davon sogar überzeugt (oder, je nach Situation, sie könnten nicht entscheiden, ob sie es sich nur einreden oder doch »was dran« sei – das wird dann wiederum mit wechselnder Verbohrtheit und abgestuften Klarheitsgraden vorgetragen, usw.) – und da das für die Definition religiösen Glaubens eigentlich ausreicht, stellt sich also die Frage, warum Religion geglaubt wird oder es wenigstens Leute gibt, die glauben, daß sie derlei glauben. –

Wie man sieht, eine durchaus anspruchsvolle, ja vielschichtige Frage – es ist in erster Linie eine psychologische Frage, die Biologie ist zu ihrer Lösung nur von sehr mäßigem Nutzen, und außerdem merkt man ziemlich rasch, daß auch Gewalt dabei im Spiel sein muß – aber wie kommt sie zustande, wie bleibt sie erhalten, welchen Zweck hat sie, worin besteht und wie funktioniert sie genau? Aus dem Ärmel schütteln lassen sich diese Antworten keineswegs, auch wenn der Arm eines noch so fähigen Biologen in diesem stecken sollte, aber ärgerlicherweise versucht Dawkins genau und ausnahmslos dauernd eben dieses – seine Antworten auf diese Frage, die vollständig nur durch Beherrschung der Forschungsmethoden und -ergebnisse von Freud, Marx und Engels sowie eines gerüttelten Maßes an gegenwärtiger universitärer Psychologie möglich ist (in diesem Zusammenhang ist vor allem das Werk Joseph Festingers zu nennen), haben etwas niveaulos Improvisiertes, Hausgemachtes, Hemdsärmeliges eben. Hätte er sie so vor 250 Jahren geäußert, hätte ihm niemand, der selber achtbar war, die Achtung versagen können, denn es gab noch nichts wesentlich Besseres; Meslier war einer der bewundernswertesten und achtbarsten Menschen, die je gelebt haben, aber inzwischen lassen sich seine von der Pionierslage erzwungenen Ein-Mann- und Ad-hoc-Spekulationen zum Thema doch durch weitaus Fundierteres ersetzen, von welchem Dawkins aber noch nichts gehört haben will. Marx ist verboten, Freud ist verboten – in der Biologie schadet das nichts, aber wenn man verstehen will, wie die Religion in die Welt kam und weiters, wie sie funktioniert, dann ist das so schädlich wie ein Denkverbot auf Darwins Selektionstheorie (die ihrerseits erst mit Mendels Erkenntnissen ihre einzige angreifbare Stelle verlor), wenn man wissen will, woher artliche Verschiedenheit und sogar adaptive Komplexität kommen.

Stattdessen erzählt uns Dawkins etwas davon, welch biologischer Nutzen darin stecken mag, wenn Kinder ihren Eltern und daher deren Aussagen vertrauen, daher auch dann, wenn diese erkennbaren Bockmist erzählten – schön, so kam die Religion tatsächlich meist in die einzelnen Köpfe, aber warum erzählten die Eltern gerade diesen Bockmist? Als rein zufällige »Mem-Mutante« hätte er keine sonderliche Überlebenschance. Auch werden wir mit Skinner'schen Spekulationen kaum Entstehung und Fortbestand der Opferriten erklären können – daß jemand auffällig gerade eine Ziege tötete und es dann auf einmal nach langer Zeit wieder regnete, wird hoffentlich nicht im Ernst die regelmäßige Opferung gewisser Herdentiere erklären sollen (rituelles Arschkratzen wäre da aus statistischen Gründen, weil es ganz wie seine Analoga bei Skinners Tauben häufiger vorkommt, unter dieser Voraussetzung viel eher zu erwarten). Aber im Ernst: was die Eltern da an zugegebenermaßen haltlosem Zeug so alles an Einschlägigem erzählen, ist nicht auf ihrem Mist gewachsen, und es wäre sehr kindlich, wiederum einen noch älteren Urahn dafür verantwortlich machen zu wollen. So fleißig und sogar humorvoll und ansprechend, so weit der minderwertige Gegenstand das zuläßt, Dawkins auch die lange Geschichte des religiösen bzw. hilfsreligiösen (= theologischen) Wort-Talmis beschreibt, so unzureichend und hausgemacht bleiben allemal seine Ortungsversuche von dessen tieferer Quelle. Da sogar Freud resp. Marx und Engels alleine – was letzterer zu seiner großen Ehre mit der »ökonomischen Unerklärbarkeit des waldursprünglichen Blödsinns« sogar zugibt – das Phänomen nicht restlos erklären können, ist tatsächlich eine Synthese beider Erkenntnisse nötig, und sogar diese reicht nicht aus, wenn man sich nicht – wie ich selbst, nachlesbar 1983 (Hoevels 1983, *cap.* III), also vor Dawkins diesbezüglichen Aperçus – den Vorgang der **Memselektion** zwischen dem individuellen und dem gesellschaftlichen Ende des Vorgangs klarmacht – was ausgerechnet Dawkins gründlich versäumt hat, denn sonst hätte er Marxist werden müssen und damit auch die Toleranz seiner angeblich so toleranten Mit-Engländer überfordert.

In Kürze: Die Phantasien der Religion sind laut Freud auf Umwegen Abkömmlinge der dem Gedächtnis längst entzogenen, aber weiterhin hochwirksamen Ödipussituation; darum haften sie auch so gut, ihre Realität war ja gegeben, und ihr Klebstoff ist das Schuldgefühl, das durch die kindliche Unterlegenheit in diese unerträgliche Lage führte und damit zur Verdrängung der situationsbedingten Wünsche selbst, womit das Schuldgefühl seinen greifbaren Inhalt verliert, nicht jedoch seine Wirksamkeit. (Die christliche Phantasie von der Jungfrauengeburt – Kastration des Vaters, Monopolisierung der Mutter durch den Knaben, am Schluß das dicke Ende mit Strafe und mysteriöser Schuld – illustriert das sehr plastisch, aber tausend andere Mythen nicht viel schlechter, oft genauso gut [denken wir kurz daran, wie Ganesch zu seinem pinocchiohaft lästigen Elefantenkopf kam].) Wenn das stimmt, ist die Angeigung sexuellen Schuldgefühls bzw. die Verwaltung von Sexualitätsverboten und Autoritätsgeboten für Religionen lebenswichtig, und schon flüchtige Beobachtung belegt das ganz gut. (Im Zentrum der Religionsvorläufer stehen genitale Verstümmelungen, die sog. Initiationsriten.) Aber es ist von Anfang an klar, daß diese Phantasien nicht dem Individuum überlassen bleiben – das unterscheidet sie von den als solche anerkannten Geisteskrankheiten –, sondern gesellschaftlich organisiert und standardisiert werden.

An dieser Stelle bleibt auch Freuds Theorie defizient; spricht er von der Religion, an sich treffend, als von einer »Massenneurose«, da sie ja die unbewußten Inhalte bzw. pathologischen Antriebe mit den meisten Individualneurosen gemeinsam hat (und diese in der Tat häufig verstärkt, überformt oder substituiert), dann nährt er leicht die falsche Vorstellung, die Religion entstehe durch eine Art spontan addierter Individualneurosen, religiöse Organisationen gar als eine Art freiwilliger Zusammenschluß etwa gleichartiger Neurotiker. Daß diese Vorstellung wirklichkeitsfremd, die Religion als Massenneurose gesellschaftlich **induziert** und standardisiert ist (»die sexualpolitische Agentur der herrschenden Klasse«, sagt Freuds Schüler Reich sehr viel treffender als sein Meister), mußte einem so intelligenten und vorurteilsarmen Menschen wie Freud natürlich auch auffallen; deshalb hat er in einem wesentlich lichteren Augenblick als bei der Niederschrift seines düsteren Spätwerks, das tatsächlich weitgehend auf die oben charakterisierte defiziente Position zurückfällt, die Kirche einmal treffend als »künstliche Masse« charakterisiert (GW XIII 101–108). Damit bahnt sich die Erkenntnis an, daß die Religion eben nicht einfach eine sozusagen zufällige Massenneurose ist, sondern eine künstliche, eine gesellschaftlich induzierte Massenneurose, deren nötige Masse ebenfalls künstlich, d.h. mit offener oder verdeckter Gewalt geschaffen werden muß, was nur aus der Position der *Herrschaft* heraus möglich ist – aber *diesen* wahrhaft und typisch aufklärerischen Gedanken verfolgt

¹ Ausfall eines Teils des Gesichtsfeldes

Freud ganz und gar nicht weiter, während Dawkins ihn von vornherein großräumig umgeht: mutmaßlich aus demselben Grund. Denn beide Gelehrten haben sich schon genug exponiert, wenngleich der Psychologe mehr als der Biologe, und mit dem klaren Aussprechen dieser den Gewaltträgern und Profiteuren der bestehenden Gesellschaftsordnung unerwünschten Erkenntnis wäre beider Maß endgültig voll, mit den jeweils zeittypischen Konsequenzen.

Diese Rücksichten brauchten die klassischen Aufklärer nicht zu nehmen, wenigstens nicht grundsätzlich, da sie bei aller persönlichen Gefährdung nicht in erster Linie Individuen waren, denen akademische Traditionen und Institutionen eine Art begrenzter Narrenfreiheit einräumten, sondern vielmehr die von Freund und Feind m.o.w. deutlich auch so empfundenen Sprecher einer aufstrebenden, weil von Tag zu Tag und vor allem: auch relativ zu ihrem Gegner immer reicher werdenden Klasse waren. Dies zeigt sich außerordentlich deutlich in der Geschichte der königlich inspirierten und stets wieder knapp verlorenen Grabenkämpfe um die Herausgabe der kaum zu überschätzenden ›Enzyklopädie‹. Akademische Titel mit ihren faden und kraftlosen Narrenfreiheiten bedeuteten den Aufklärern daher sehr wenig, teuer erkaufte, aber den Feind zähmende und dadurch halbwegs ernsten Schutz bietende Adelstitel – wie den des »Barons« von Holbach oder des »gentilhomme ordinaire« Voltaire – dagegen umso mehr. Deshalb stellten sie sich niemals blind gegenüber der fundamentalen Verbindung von Religion und Herrschaft. Es ist leicht, über die phantasievoll-naiven Konstruktionen der Aufklärer zu spotten, die einen vorzeitlichen schlauen Scharlatan Wunder vortäuschen und Naturphänomene ausnutzen ließen, um dadurch Macht an sich reißen zu können, aber sie liegen trotz der Roheit ihres Urgeschichtsbildes entschieden näher an den Tatsachen als die an dieser zentralen Stelle mit einem Skotom¹ geschlagenen Spätlinge Dawkins und sogar Freud.

Der Herrschaft dienten in der Tat schon die frühesten irrationalen Vorstellungen, jene in den blutigen und bösartigen »Initiationsriten« kulminierenden Vorformen der Religion, aber nicht der Herrschaft eines »Medizinmanns« (wie das die

Phantasien der Aufklärer postulieren würden) oder Häuptlingsgeschlechtes (das kam erst später) und auch nicht einer Klasse im Sinne von Marx und Engels, da eine solche durch ihre Stellung zu den Produktionsmitteln bestimmt ist, diese aber – in Gestalt primitivster, von jedermann leicht selber herstellbarer Werkzeuge, deren Rohstoffe überall ziemlich gut zugänglich waren – entweder völlig unbedeutend waren oder aber, in Gestalt des Bodens bzw. Hordenterritoriums, echter Kollektivbesitz. (An den instrumentellen Produktionsmitteln ist gesellschaftlich nicht entscheidend, ob sie Privatbesitz sind oder nicht – so daß sich antimarxistische Simiologen hier ihren ganzen Fleiß und all ihre Spitzfindigkeit sparen könnten –, sondern ob sie *monopolisierbar* und daher zur Erpressung der von ihnen Ausgeschlossenen, weil Ausschließbaren, geeignet sind.) Die primitive, aber durchaus drückende Herrschaft lag dagegen bei mehr oder weniger gut abgegrenzten *Altersklassen* (die nicht mit den naturwüchsigen rein individuellen Rangstufen der Primatenhorden unter mutmaßlichem Einschluß der frühen, vorsprachlichen Homininen zusammenfallen und dadurch mancherlei chronischen Aufwand ersparen), wie sich sehr gut an den Uraustraliern, aber nicht nur diesen, beobachten ließ. Schon auf dieser paläolithischen Stufe werden die irrationalen Vorstellungen für Herrschaftszwecke selektiert und daher geformt und standardisiert; dieser Prozeß verläuft nur in Ausnahmefällen bewußt, er ist ansonsten eine Funktion der statistisch dominanten Sympathie oder Antipathie der Herrschaftsträger für kursierende bzw. spontan entstehende neue Meme (»Mem-Mutanten«, wie sie die Denkfähigkeit und automatische Denktätigkeit des Menschen jeden Tag hervorbringt, mangelnde Verstärkung sie aber etwa genausooft wieder eingehen läßt wie fitneßneutrale oder gar fitneßverringernde Genmutationen auch). **Hier** hat die von mir beschriebene und von Dawkins benannte »Memselektion« bzw. »Memevolution« ihren wirklichen Platz, jedenfalls ihren weitaus wichtigsten, keineswegs im Aufeinanderprall der einzelnen Meme in den einzelnen Köpfen, wo sowohl Dawkins selbst wie besonders die minderwertigeren seiner angeblichen Schüler sie verzerrenderweise ablaufen lassen wollen. Doch müssen sie das, weil sie sonst ihr Skotom gegenüber Gewalt bzw. Herrschaft nicht bewahren könnten.²

---

² Unbedachtsame Verteidiger von Dawkins könnten an dieser Stelle gegen mich geltend machen, daß dieser in ePh 111 diesen Gedanken doch längst selber geäußert hätte, indem er Memen, die zu den in einem bestehenden Kommunikationssystem, z.B. einem bestimmten Staat, passen, einen erheblichen Selektionsvorteil gegenüber weniger passenden zuschreibt. Doch das ist nicht dasselbe wie die Sym- oder Antipathie der Herrschaftsträger (welche die Multiplikatorstellen vergeben oder wenigstens deren erdrückende Mehrheit). Denn diese Sym- oder Antipathie wird ausschlaggebend, d.h. statistisch vorherrschend trotz der kunterbunt variierenden Lebens- und Lerngeschichten der herrschaftstragenden Einzelpersonen, durch die Eignung der neuen Meme (»Mem-Mutanten«, »neue Ideen«, neue Formulierungen usw.) beeinflußt, die **Vorteile** dieser Herrschaftsträger zu fördern oder zu beeinträchtigen. Manchem Kaiser oder sonstigen Fürsten seit Ludwig dem Bayern waren z.B. die Argumente manches rebellischen Mönches gegen die weltliche Gewalt und unbegrenzte weltliche Autonomie der Kirche sehr sympathisch, weshalb sie diese vor deren Nachstellungen schützten, ganz egal, welche persönlichen Motive diese Träger jener Mem-Mutanten von Roger Bacon und Wilhelm von Occam bis hin zu Martin Luther mit diesen ihren »Gedanken« verbunden hatten (ganz gewiß nicht diejenigen einer Anbiederung an besagte Fürsten; das hätten sie auch billiger haben können, aber dafür zählte das Motiv nicht). Umgekehrt unterschätzt Dawkins die Fähigkeit der Meme zur Mimikry: jedes neue Mem weiß sich eine Form zu geben, die zum bestehenden gesellschaftlichen Memom »paßt«, auch wenn es dessen Inhalt (»Geist«) gröbstens ins Gesicht schlägt, und sich als dessen »eigentlichen« Sinn ausgeben bzw. von seinem Träger dafür ausgegeben werden, übrigens nur eher selten bewußt und mit Absicht, da er ja selber schon vor Erzeugung jener Mutante mit dem umgebenden Memom infiziert war, seine Formulierungen und Beispiele, auch zugunsten der widersprechenden Inhalte, jenem Ausgangsmaterial entnehmen wird; aber ob das Resultat auf einen Lehrstuhl oder Scheiterhaufen führt, hängt ganz von den interessenbedingten Sym- und Antipathien, d.h. dem latenten Bedarf der vorhandenen Machtträger ab, keineswegs also von seiner *immanenten* Vereinbarkeit mit den schon erdrückend mehrheitlich kursierenden Memen, wie das Dawkins sich und seinen Lesern einredet. Die Wahl seines Beispiels, nämlich die historischen Konkurrenten des Militärblocks, in dem er selber lebt, läßt vermuten, daß er als Selektionsbedingung dabei neben bloßer Mem-Immanenz nur an rohe Gewalt dachte; aber die im Normalfall gewaltarme Kontrolle über die Verstärker (v.a. Gehälter und Stellen, wogegen auch noch so hohe »Templeton«-Preise *peanuts* sind) ist gewöhnlich trotz ihrer Unauffälligkeit viel wirkungsvoller.

1 Stase u. Stasis = Stockung, Stauung
2 saltatorisch = sprunghaft, mit tänzerischen Bewegungen verbunden (bei krankhaften Bewegungsstörungen

Da die Memselektion aber in erster und beinahe einziger Linie auf der von mir beschriebenen Bahn abläuft, brauchen wir uns nicht zu wundern, warum ihre Ergebnisse so häufig *antiödipale Reaktionsbildungen* sind (z.B. die klar als antiödipale Präventivschläge einer kollektiven Elterngeneration gegen einen kollektiven Nachwuchs erkennbaren Initiationsriten, in deren Zentrum stets primär genitale Verstümmelungen sowie inszenierte Identitätsauslöschungen stehen). Denn diese sind zu Zwecken des Erhalts der bestehenden Herrschaft bzw. Gewalt am weitaus wirksamsten, finden daher spontan am häufigsten und stabilsten die Sympathie und daher Unterstützung von deren Trägern und Nutznießern und haben entsprechend den höchsten Selektionsvorteil. Dieser Mechanismus ist in der Tat erst durch Darwin erkennbar geworden und war weder Freud noch Marx und Engels bekannt; er kann fast nur von jemandem erkannt werden, dem Darwins Erkenntnisse von Kindheit an in Fleisch und Blut übergegangen sind – was ich sicherlich beanspruchen darf – und der kühn genug ist, sie auf das gesellschaftliche Phänomen der Ideologie und deren Kleinbausteine anzuwenden, wozu eine Vertrautheit mit Marx und Engels gewiß von Vorteil ist. Da Dawkins diesen Vorteil aktiv vermeidet und vermieden hat, ist ihm diese wesentliche Selektionsbedingung der »Meme« stets entgangen; dabei war er schon einmal sehr nahe an der Sache dran, nämlich im ›Blinden Uhrmacher‹, wo er beschreibt, wie bei antidarwinistischen Phrasen des (kirchenfreundlichen) Stephen Jay Gould »die Mikrophone selektiv lautgeschaltet wurden«, d.h. die Presse das Zeug heraustönte, bei deren sachlicher Richtigstellung plötzlich nicht (bU 298*sq.*, *cf.* auch 335 sowie ePh 164*sqq.*). Wir können davon ausgehen, daß sich diese »Mikrophone«, also die »Medien«, mindestens erdrückend mehrheitlich nicht im Besitz oder unter der Kontrolle der Kirche befanden, sondern vielmehr des Staates oder eines mit ihm engstens verfilzten Privateigentums; trotzdem hatten aufgrund der Sympathien jener Kontrolleure die Meme der »Stase«, der »saltationistischen Makromutation« usw. einen extremen Selektionsvorteil, die Argumente, welche jene kryptokreationistischen Phantasmen platzen ließen, somit ja auch Meme, wiewohl

3 Makromutation = Erbänderung als Folge eines strukturellen Chromosomenumbaues, die sprunghaft zu neuen Arten führt.

12

keine Ideologien, einen ebenso extremen Selektionsnachteil. Aber der gleiche Dawkins, der diesen Vorgang so plastisch und zutreffend beschreibt und andernorts von der Selektion der Meme redet, begegnet ihm, der doch sein Paradebeispiel werden könnte, nur mit seinem uns schon geläufigen Skotom, das er mit Freud etwas, mit Marx, Engels und den Aufklärern aber überhaupt nicht teilt.

In Wirklichkeit haben die Träger ungerechter (und dadurch irrationaler), für sie selber aber vorteilhafter Herrschaft einen viel tieferen Grund, ihre Multiplikatorkontrolle zur Verbesserung der Ausbreitungschancen proreligiöser und zur Verschlechterung derjenigen religionsschädlicher Meme einzusetzen als bloß die vorübergehende Demoralisierung einiger verflossener Negersklaven, wie Dawkins das sich und seinen Lesern einreden will (G 234*sq.*) – nämlich die **Basisneurotisierung** ihrer Untertanen, deren Widerstandskraft gegen den Fortbestand ihrer Herrschaft auf diesem Wege optimal geschwächt wird (wer nicht vernünftig denkt und sich mit Phantomen herumschlägt, ist zur vernünftigen Analyse eines Gesellschaftssystems und zur Konstruktion plausibler, für ihn selber günstigerer Alternativen sehr viel weniger fähig als jemand, dem diese Behinderung fehlt). Auch die leidige Popperei, von deren Schädlichkeit und Lächerlichkeit sowie Anmaßung gerade Dawkins manches Lied zu singen weiß, ist ja sehr leicht – und auch empirisch am Verhalten und der Parteinahme ihrer Protagonisten – als Entlastungsangriff auf die Wissenschaft zugunsten der Religion zu erkennen, als Aktivität eines geliftetes Kant sozusagen; und wer ständig zu grübeln hat, ob es seinen eigenen Körper oder dessen Umgebung (»Außenwelt«) wirklich gibt bzw. sich überhaupt etwas Verläßliches über diese aussagen läßt, dem wird sehr viel Energie zum Begreifen oder gar zur gezielten Veränderung derselben zu seinem und seinesgleichen Vorteil, damit aber zum Nachteil der bestehenden Nutznießer, fehlen – daß dieser sehr aktiv unter Mitwirkung aller geeigneten Staatsorgane andressierte Memkomplex herrschaftserhaltend wirkt, und zwar umso besser, je irrationaler, älter und ungerechter die vorhandene Herrschaft ist, liegt auf der Hand. Daß Dawkins dieser Einsicht ausweicht, sollten wir ihm nicht verübeln, denn gerade weil sie stimmt, könnte sie, wenn er sie allzu eindeutig äußert, seinen bürgerlichen Tod bewirken, und es wäre sehr schade um den didaktisch und rhetorisch fähigsten unter den ganz wenigen aufgeklärten und nicht einfach feigen Biologen unserer trüben Zeit; aber wir, seine Leser, die wir keinen systemstörenden und daher extrem seltenen Multiplikatorposten zu verlieren haben, müssen und sollten seine Scheuklappen nicht teilen. Wir können uns ja trotz aller unvermeidlichen existenziellen Gefährdung auch viel leichter im Untergrund verbergen – im organisierten allerdings, sonst walzt uns die Dampfwalze der allgegenwärtigen Ideologie bzw. aktiven Gleichschaltung bald erbärmlich platt und läßt uns als lächerliche Hülsen zurück. Die bürgerliche Klasse der Aufklärerzeit begegnete dieser Gefahr durch ihre »Salonbewegung«, an deren Ende immerhin für über zweihundert freilich wechselvolle Jahre einem Teil des Globus 1789 die Menschenrechte aufgezwungen werden konnten, die erst in unseren Tagen, nach den allerdings beachtlichen Pionierleistungen Hitlers und seiner Verbündeten, den ganzen Globus zugunsten prinzipiell immer möglicher Folter und Proskription wieder verlassen haben. Aber immerhin schufen sie, ähnlich wie die perikleische Demokratie, einen erfreulichen und nicht so leicht aus dem Menschheitsgedächtnis zu tilgenden Präzedenzfall.

Diese realistische Sicht der Dinge macht natürlich Angst, sie läßt die Versuchung übermächtig werden, sie zu vertuschen, zu zerklügeln, zu verharmlosen oder, am einfachsten, blind bellend abzustreiten. Wir wollen nicht untersuchen, wie weit Dawkins sich den ebenso bedrohlichen wie deprimierenden Tatsachen seiner und damit unserer Zeit gestellt hat; auf jeden Fall ist er der Vernunft zu sehr verbunden, um ihnen immer ausweichen zu können, und zu mutig, um diesen Effekt zu verbergen. Obwohl es für sein Thema nicht unbedingt nötig wäre, greift er z.B. unseren gegenwärtigen Weltherrscher Bush dafür an, daß er durch religiös oder anderweitig irrational motivierte Unterdrückung medizinischer Forschung namenloses Leid über ungezählte Menschen bringt (p. 405); er weist entgegen der röhrenden, bedrohlich gleichgeschalteten Propaganda darauf hin, daß Hitler eher ein religiöser Mensch war (NB: wie hätte er sonst auch Antisemit sein können?! – denn nur die Religion unterscheidet den Juden ernsthaft und zum Ärger des letzteren vom Mehrheitsschaf, selbst wenn er sie persönlich gar nicht mehr glaubt, was den Ärger eher vergrößert), auf jeden Fall alles andere als ein Gegner derselben (*p. 378sqq.*); er wendet sich gegen den hexenwahnähnlichen Geist unserer Zeit in der hochgekochten Dämonisierung der Pädophilie, und das in einer Weise, der man wegen ihres Mutes und ihrer Aufrichtigkeit nur Hochachtung zollen kann (*p. 438*). Eine Passage verdient es, wörtlich zitiert zu werden: »An allen drei Internaten, die ich besucht habe, waren Lehrer beschäftigt, deren Zuneigung zu kleinen Jungen eindeutig über die Grenzen des Anstandes hinausging. Das war tatsächlich zu verurteilen. Wären sie aber 50 Jahre später von Rächern oder Rechtsanwälten wie Kindesmörder verfolgt worden, hätte ich mich verpflichtet gefühlt, sie zu verteidigen. (…) Ich mag die katholische Kirche aus allen möglichen Gründen nicht, aber noch weniger mag ich Ungerechtigkeit, und deshalb muß ich mich einfach fragen, ob diese eine Institution, insbesondere in Irland und den Vereinigten Staaten, im Zusammenhang mit diesem Thema nicht auf ungerechte Weise dämonisiert wurde« (*p. 439*). Jeder Mensch, besonders aber jeder bekennende Atheist, der den letzten Satz nicht unterschreiben mag, ist zutiefst verachtenswert, ganz ähnlich wie ein Antisemit oder Scientologenhetzer! Und nicht nur ich sehe in der gegenwärtigen Pädophilenriecherei die ökologische Entsprechung zum klassischen Hexenwahn: »Wie viele andere bereits festgestellt haben, herrscht heutzutage im Zusammenhang mit der Pädophilie eine Hysterie, eine Vulgärpsychologie, die an die Hexenverbrennungen von Salem im Jahr 1692 erinnert« (*p. 438*). Nun ja, nicht nur von Salem… Sich gegen die Gleichschaltung zu erheben, ist keineswegs etwas, das Dawkins scheut. Doch sein Schutzengel bewahrte ihn davor, auf diesem Wege sogar bis zu den Erkenntnissen von Freud und Marx/Engels vorzudringen, denn dann wäre seine Universitätslaufbahn beendet gewesen, und er hätte vielleicht ein ähnliches Schicksal wie Wilhelm Reich erlitten, auch wenn ihn seine hundertfach größere naturwissenschaftliche und wohl auch sonstige Bildung bestimmt davor bewahrt hätte, unter der Verfolgung und Vereinsamung verrückt zu werden.

Aber ohne die Einsichten von Marx und Engels ist nun einmal die historische Memselektion und daher auch die Religion nicht vollständig, nicht einmal hinreichend zu verstehen. (Dies macht auch einen schweren Mangel der Freud'schen Religionstheorie aus: so richtig Freud die Substanz der Religion herausgefunden hat – was Marx, Engels und auch Lenin noch verwehrt war –, so gänzlich unfähig bleibt er zur Erklärung ihrer historischen und geographischen Unterschiede, und so unklar bleibt auch sein Bild ihrer gesellschaftlichen Funktion.) Denn wenn durchschnittliche Sym- und Antipathie der Herrschaftsträger (und damit der Herren mindestens über die meisten und besten Multiplikatorstellen) über die Ergebnisse der Memselektion entscheiden, dann ändern sich diese Ergebnisse auch mit der Art und folglich den Bedürfnissen der Herrschaft. Die Tatsache, daß die Religion schon längere Zeit nicht mehr das Haupt- oder sogar einzige Medium der Ideologie war (und in der chinesischen Zivilisation niemals), darf nicht darüber hinwegtäuschen, daß sie zur Basisneurotisierung der Untertanen immer noch die besten, auf jeden Fall solidesten Dienste leistet, die man den Gewaltträgern und Vorteilskonsumenten anbieten kann. Wie Militär und Polizei die Gewaltapparate der Herrschenden sind, so sind die Religionsorganisationen ihre Suggestionsapparate, auch wenn sie inzwischen durch die »Medien«, besonders das gottesdienstähnliche Fernsehen, Konkurrenz bekommen haben; doch selbst dem Fernsehen fehlt jener anti-ödipale Tiefgang, den allein Mythos und Ritus bewirken können, besonders, wenn sie im Kindesalter, d.h. vor dem möglichen Erreichen einer größeren Ichstärke, appliziert werden. Dawkins geißelt, weil er das empfindet, die religiöse Indoktrination von Kindern als schwere, weil folgenreich schädliche Kindesmißhandlung, schlimmer als die milderen Formen sexuellen Kindesmißbrauchs; ich kann ihm dabei nur bedingt recht geben. Will man religiöse Indoktrination wirklich ernsthaft unterbinden, gibt man dem Staat ein sehr gefährliches Gewaltinstrument in die Hand; die staatliche Indoktrination könnte dadurch schlimmer als die religiöse werden, der Teufel mit dem Beelzebub ausgetrieben, das Gegengewicht gegen die säkulare Indoktrination zerstört. Schlimm ist ja nur religiöse Indoktrination ohne adäquates Gegengewicht: dieses wäre freilich kein saublöd verlogenes Toleranzgequatsche, sondern solide naturwissenschaftliche und historische Bildung unter Einschluß wirklichkeitsnaher Simulationen von Verbrennungen, Steinigungen, Klostergehirnwäschen und Kant-Popper-Schwätzereien. (Ich halte z.B. den Film ›Die Teufel von Loudon‹ für außerordentlich wertvoll – die Unterlassung entsprechender Massenproduktion hat den Untergang des »Ostblocks« mindestens so sehr erleichtert wie dessen grobe militärische Unterlegenheit. Ich glaube zwar wirklich nicht an Freuds evolutionär unmöglichen »Todestrieb« – aber der »Ostblock« hatte wirklich einen! [In Wahrheit natürlich, Scherz zu Ende, die klassische »Selbstbestrafungstendenz« für unbewußt phantasierten »Vatermord« – ungestraft ignoriert die Psychoanalyse niemand, womit wir allerdings auch wieder bei Dawkins wären].) In diesem Fall – bei schulisch ermöglichtem Ichwachstum durch fleißiges Anschauen und Begreifen von Natur und Geschichte – wäre religiöse Indoktrination unterhalb einer gewissen zerstörerischen Intensitätsgrenze sogar oft eine äußerst nützliche **Impfung**. (In einer *ganz* keimfreien Welt aufgewachsene Kinder sterben schnell an jedem Zufallsbazillus!) Freilich, wenn meine und nicht Dawkins' Analyse richtig ist, wird kein Staat der gegenwärtigen Welt eine solche ichstärkende Erziehung anbieten, wenigstens nicht in der erforderlichen Dichte und Strenge. Die stärksten europäischen Industriestaaten vor dem 1. Weltkrieg kamen diesem Desiderat allerdings, erzwungen durch ihre Konkurrenz untereinander, für einen gewissen Prozentsatz ihrer Bevölkerung einigermaßen nahe.

Obwohl das Schicksal Dawkins jene Einsichten erspart hat, zu denen die Verbindung Darwin'scher mit Marx'schen Einsichten bei der Erklärung ideologischer Phänomene führt, wie ich sie im 3. Kapitel meines Buches ›Marxismus, Psychoanalyse, Politik‹ beschrieben habe, ist er doch viel zu intelligent und zu redlich, um nicht in eine Gedankenzone zu geraten, in der seine Vermeidung von Marx und Engels sowie Freuds mit seinen Fragestellungen und Beobachtungen nun

> [handwritten note:] 1 Krankhafter Hass von Männern gegenüber Frauen (mediz.-psychol.) > Frauen entgegengebrachte Verachtung, Geringschätzung, Feindlichkeit

einmal kollidieren muß; es dämmert ihm dann sogar einmal selbst, daß er ein Skotom mit sich herumschleppt, nämlich bei seinen unglücklichen Versuchen, die Wechsel des »Zeitgeists« zu erklären, was ohne die Einsichten und Methoden von Marx und Engels nun einmal nicht möglich ist. (»Genauer zu erklären, warum der ethische Zeitgeist sich so umfassend und einheitlich wandelt, übersteigt die Möglichkeiten meiner amateurhaften Psychologie und Soziologie« [*p.* 377]. – Ähnlich hat auch schon Freud seine Inkompetenz gegenüber dem von ihm zeitlebens inhaltlich ignorierten Marxismus zugegeben – siehe GW XV 191*sq.* –, aber dann leider doch nicht den Mund gehalten, sondern sich vor allen Kennern der Materie als eine Art zweiter Eugen Dühring blamiert.)

Was Dawkins mit dem »ethischen Zeitgeist« meint, ist in erster Linie das Absterben des Rassismus, der ideologisch elaborierten Misogynie und der unbeschwerten Tierquälerei. Er glaubt darin eine im wesentlichen stabile Linie des Fortschritts zu erkennen (die natürlich weg von den biblischen Wertungen führt, die mindestens in der eigentlichen, also hebräischen Bibel in der Tat verdammt ethnozentrisch sind – einen eigentlichen Rassismus im Sinne des 19. Jahrhunderts, der biologisch sein wollte, gab es ja zu ihrer Zeit noch nicht). (»Betrachtet man jedoch einen längeren Zeitrahmen [*sc.* maximal die letzten drei Jahrhunderte], so ist der Fortschrittstrend unverkennbar, und er wird sich fortsetzen« [*p.* 376].)

Nun, diese neuere Entwicklung ist weder schwer zu erklären, noch berechtigt sie zu sonderlichem Optimismus. Sie ist eine ziemlich enge Parallele zur Entwicklung des römischen Kaiserreiches, in dem eine immer weitere Ausweitung des Bürgerrechts auf schließlich fast alle Bewohner des »Roman Military Agency« – nichts anderes heißt »*imperium*« – festzustellen war, nämlich unter Caracalla, und mit dieser Entwicklung lief eine sogenannte Humanisierung der Sklavenhaltung mit allen argumentativen Begleiterscheinungen parallel. (Damit will ich einem Seneca, von dem einige der besten Argumente stammen, keineswegs die subjektive Redlichkeit absprechen – aber objektiv war er nun einmal Mundstück dieses nur scheinbar rätselhaften »Zeitgeists«, der sogar den

Status der Frauen demjenigen der Männer langsam anglich, was einem Cicero bekanntlich ganz und gar nicht gefallen hätte, so wenig wie eine ernsthaft menschenwürdige Behandlung der Sklaven – *servos se liberius gerere* war seine Horrorvision von den Nebenwirkungen der ihm verhaßten Demokratie.) Denn mit der Ausbreitung des römischen Bürgerrechts nahm auch parallel dessen Wert ab – als es schließlich alle hatten, war es so gut wie wertlos, schützte im Gegensatz zu früheren Zeiten vor keiner staatlichen Willkür mehr, nicht einmal vor der Folter, die zuvor auf Sklaven (und gelegentlich Kriegsgefangene) beschränkt war. Gewiß hatte »man« die Sklavenhaltung zurückgedrängt – aber dafür erreichte beispielsweise die Folter jetzt alle, und dem Rückgang der Sklavenhaltung entsprach die Entstehung und Ausweitung der Leibeigenschaft (als einer »Sozialmaßnahme«, die zunächst auf überhaupt keinen Widerstand stieß, sozusagen Diokletians gefeiertes »neues Insolvenzrecht«). Die Parallelen zur Gegenwart drängen sich auf; ein konservativer, aber klarer Geist wie Harnack hat daher ganz richtig gesagt, daß Caracallas Bürgerrechtsgesetz die Bewohner des römischen Imperiums nicht verbürgerlicht, sondern nur verpöbelt habe. Das allgemeine Unrecht war jetzt einfach gleichmäßiger verteilt, ähnlich wie bei gewissen Formen des Wischens der Dreck auf einer Fensterscheibe.

Für den Rückgang wie die Entstehung des modernen Rassismus gilt ganz einfach: er ist eine Funktion des Imperialismus. Solange dieser seine – in großer Zahl und sogar als Soldaten benötigten – Industriearbeiter, erst recht -angestellten nicht durch importierte Personen aus den Kolonien ersetzen konnte (da diesen Disziplin und Minimalqualifikation fehlten), sollten die ansonsten gedrückten Einheimischen sich nach dem Prinzip: *divide et impera* zumindest jenen sicher überlegen fühlen; da sie dadurch allerdings vollbeschäftigt genug waren, um Renten, Krankenversorgung und sogar leidlich menschenwürdige Löhne, die »man« doch viel lieber für Polizisten, Soldaten und Propagandisten ausgegeben hätte, vom Eigenbedarf ganz zu schweigen, erzwingen zu können, nämlich durch aussichtsreiche Streiks – »alle Räder stehen still, wenn Dein starker Arm es will« war damals keine

Phrase –, ging die herrschende Klasse nach einigem kriegsbedingten Zickzack dazu über, mittels »Entwicklungshilfe« die bisherigen Kolonien auf den nötigen Stand der »zivilisierten« Arbeitsdisziplin zu bringen, um sich auf diese Art wahlweise den Kapitalexport zu den Billiglöhnen, noch lieber allerdings den Lohndrückerimport aus den jetzt funktionsfähigen Billiglohnländern zu ermöglichen. Da ihren eigenen Lohnabhängigen dadurch die Errungenschaften ihrer Großväter und Väter unter den Füßen weggezogen wurden und sie folglich von den importierten Lohndrückern, die ihre ökonomische Basis, nämlich die Möglichkeit erfolgreicher Streiks, vernichteten, nicht begeistert waren, sollten sie im Falle protektionistischer Gegenwehr als »Rassisten« oder sogar dämlicherweise »Faschisten« verbellt werden. Also anathematisiert nun das gleiche Kapital den Rassismus, welches ihn zuvor gefördert hatte. Ein echter, gar immanent menschheitlicher Fortschritt ist das nicht, und das faktische Schicksal der Menschenrechte illustriert das. Guantánamo und seine Analogien waren einst Privilegien der Faschisten, d.h. der ärmeren und zurückgesetzten, krampfhafter ihre innere Opposition niederhaltenden und daher weniger angesehenen kapitalistischen Staaten; heute verbreiten sie sich von deren Spitze aus. Das Schicksal des aufgeklärten, bürgerlichen statt leibeigenenhaft-knechtischen Denkens illustriert den Prozeß, und die Renaissance dümmster Religiosität gerade im Zentrum des Monopolismus belegt die Entwicklungsrichtung, während Dawkins eingestandenermaßen ziemlich fassungslos vor diesem ideologischen Schlamm- und Schmutzvulkan unserer zeitgenössischen USA steht. Freilich dürfte auch dort so schnell keine mit dem Staat konkurrierende Kirche wiederauferstehen, wie sie die verzweifelten spätrömischen Kaiser und lange danach noch der Feudalismus ebenso schlucken mußten wie später für die letzte, sehr kurze Zeit seines selbständigen Bestandes das deutsche Kapital die teure und selbstbewußte NSDAP; weitaus eher ist mit einer allgemeinen amorphen Verstandesschrumpfung zu rechnen, von welcher nur noch eine winzige, mehrheitlich sogar importierte (»*brain drain*«) technisch-wissenschaftliche Elite auffällig ausgenommen bleibt.

Es ist sehr unwahrscheinlich, daß Dawkins diese Zusammenhänge durchschauen kann oder auch nur will. Dafür spricht z.B. seine bemerkenswert, ja anstößig oberflächliche Behandlung der Frage, warum die industriell doch so »modernen« USA so unerwartet massiv religiös verseucht sind, besonders, wenn man sie mit Europa vergleicht, und das trotz anderslautender Erklärungen ihrer frühesten Repräsentanten (die Dawkins, wohl im Blick auf seine US-amerikanischen Leser, denen er damit wirklich hilft, sehr breit vorführt) auch von Anfang an war. Die einzige »Erklärung« nämlich, die Dawkins für dieses doch sehr auffällige Phänomen beiläufig heranzieht und so la-la gelten läßt, ohne sich durch ihre Mangelhaftigkeit sehr beunruhigen zu lassen, besteht nämlich darin, weil die USA eine Einwanderergesellschaft sei, hätten die frischgebackenen US-Bürger in ihren ererbten religiösen Gruppen Zuflucht vor der Vereinsamung gesucht (p. 58sq.).

Nun stimmt nicht einmal das so richtig: *Zuflucht* suchten bekanntlich die ersten weißen Nordamerikaner (»Pilgrim Fathers«) tatsächlich, aber nicht in einer Religionsgemeinschaft – da waren sie schon –, sondern in den (späteren) USA, und zwar vor religiöser Verfolgung, nicht vor der Einsamkeit. Spätere Nachzügler, die das vielleicht wirklich taten, folgten nur dem umgebenden Vorbild, schufen oder prägten es aber nicht, weil sie nicht die Schlüsselstellungen im Lande innehatten, sondern nur die Ränder.

In der Geschichte und Entstehung einer Sache liegt der Schlüssel zu ihrem Begreifen, nicht nur der Organismen, sondern auch der menschlichen Staaten und Einrichtungen, und da hätte Dawkins in unserem Zusammenhang ruhig etwas aufmerksamer auf etliche *ancestor's tales* hören können. Die ersten weißen Nordamerikaner – oder wenigstens deren harter Kern – waren Religionsflüchtlinge, nämlich konsequente Protestanten: also grundsätzlich Bürgerliche, die den Suggestionsapparat des Feudalismus (= die katholische Kirche) aus den Händen der sie einengenden Erbgrundbesitzerklasse in diejenigen der eigenen überführen wollten (wichtigstes Instrument war dabei neben der großflächigen Enteignung der Kirchen- und Klosterländereien sowie einer allgemeinen kirchlichen Aufwandsverringerung die Abschaffung des Zölibats, welche die Funktionäre des Suggestionsapparates mit einem Schlage durch ihre Umgebung und lokalen Obrigkeiten, darunter eben auch bürgerliche statt feudale, tausendmal erpreßbarer machte als zuvor). Für England galt dabei die Besonderheit, daß nach heftigen und verlustreichen Kämpfen, die mit den Namen Heinrichs VIII. und seiner Töchter »Bloody Mary« und der klugen Elisabeth I. verknüpft sind, eine *Koalition* aus Großgrundbesitz und Bürgertum die Kontrolle über den jetzt ex-feudalen Suggestionsapparat übernommen hatte, zum auffälligen Vorteil des Landes, was dessen bis heute anhaltenden Königskult erklärt. Damit hatte die »anglikanische Kirche« ohne jede *eigene* Kampfzeit (die protestantischen Märtyrer unter Bloody Mary sind nicht geradlinig für die anglikanische Kirche und auch nicht für deren Gründung oder Restauration gestorben) ihre Existenz begonnen; kein durchschnittlicher Landpfarrer kann daher so herzlos prokapitalistisch und persönlich gemütlich, weil religiös indifferent, sein wie ein englischer. (Regelmäßig auftauchende Ausnahmen, wie sie die englische Literatur bevölkern, z.B. Fieldings ›Abraham Adams‹, gelten als liebenswerte, aber zu belächelnde Sonderlinge bzw. Neurotiker; typischer als sie ist ›The Vicar of Bray‹[3].) Ihre religiöse Indifferenz teilen sie mit vielen Renaissance-Prälaten; ihr »gutmütiges« Phlegma resultiert jedoch aus ihrer Abhängigkeit, ihrem wohldotierten, aber umfassenden Lakaienstatus, während auch maximal ungläubige Renaissancepäpste, die es an Irreligiosität mühelos mit Dawkins und auch mir aufnehmen konnten, dennoch in dogmatischen und kirchenrechtlichen Fragen äußerst munter und intolerant wurden, da es um ihre selbständige Herrschaft und die daraus mehr sprudelnden als fließenden Einkünfte ging. Es paßt dazu, daß Dawkins anglikanische Bischöfe zu seinen persönlichen Freunden zählen kann, die sich offenbar sogar in seinem Sinne wirklich (und schläfrig) nützlich zu machen suchen (*p.* 466); mit ihren katholischen

---

[3] In England ist diese Figur wohl noch bekannt genug; wollen meine deutschen Leser ihn kennenlernen, so seien sie auf MEW IXX 309–311 hingewiesen.

Kollegen oder calvinistischen Predigern würde das schwieriger. Dagegen haben jene behäbigen *leisure-class*-nahen Edellakaien matt gewordener traditioneller Suggestion notorisch ein *faible* für die Biologie gehabt (als solches abstammend von der feudalen Jagd); sogar der größte aller Biologen, der jemals gelebt hat, wäre beinahe in ihren Stand geraten.

Englische Protestanten, die eine zwar nicht mehr tödliche, aber doch recht drückende Verfolgung im eigenen Land flohen, waren also solche, die mit dem Übergang des Suggestionsapparates aus rein feudaler Hand in diejenige einer nachfeudal-bürgerlichen Klassenkoalition nicht zufrieden waren (denn entsprechend hörte sich der herrschaftsgestützte Suggestionsapparat auch an, der »dissidente« keineswegs) und ihn, wie in Genf oder den Niederlanden, in rein bürgerlicher Hand wünschten (welche normalerweise, denn der Unbegüterte hat weniger zu teilen als der Reiche, eine kleinbürgerliche war, wobei wir aber unter »Kleinbürgern« nicht wie heute in erster Linie unproduktive Staatsangestellte zu verstehen haben, sondern – damals noch sehr häufig und mit Expansionschancen versehen – kleine und kleinste »Selbständige«). Ihr konkurrierender Suggestionsapparat (nötig, um dem schon bestehenden, feindlichen, Gegendruck entgegensetzen zu können) waren einfach ihre eigenen Prediger, nicht anders als im besetzten Palästina der Antike die von den Evangelisten so übel verzeichneten »Pharisäer«, welche übrigens, wenn auch ohne klare Kenntnis der Sache, über das gemeinsame Vorbild der »Propheten«, das Muster abgaben; je nachdem, wie stetig und ortsfest und daher etwas teuer und verfolgungsgefährdet oder entsprechend weniger deren Ausbildung organisiert war, stand der Heilige Geist oder die Heilige Schrift im Vordergrund, kamen also Baptisten oder Calvinisten dabei heraus. Beide und viele verwandte Gruppierungen flohen nach Nordamerika; da keine dominieren konnte und alle religiöse Verfolgung hinter sich hatten, wurde ihre Parole die Religionsfreiheit, und bei deren Vertretung können sogar heute noch US-Amerikaner recht standhaft und sogar aufrichtig sein; es ist ihre beste Eigenschaft, und sogar Atheisten können von ihr vorsichtig profitieren, obwohl sie von Hause aus eher Sekten zugedacht ist, anders als in Europa.

Denn die Religionskritik, welche immer als Kritik einzelner Dogmen beginnt, wenn sie authentisch ist, war eine Kritik des feudalen Propaganda-Berieselungsinstruments und daher in der Funktion **antifeudal**. Sie wurde potent, als sie sich mit einer potenten Klasse verband, nämlich dem (reichsstädtischen) Bürgertum (und dessen insularen Analogien), nicht angewiesen auf die jämmerlichen, zerdrückten und verblödeten bäuerlichen Feudalismusopfer (die ihr erst nach einer Weile und bemerkenswert vereinzelt einen zusätzlichen Resonanzboden gaben – blühte ihnen ja auch von der Ablösung der feudalen durch die bürgerliche Herrschaft sehr häufig auch nur die Verwandlung aus einem Fronbauern in einen erbärmlich vegetierenden, existenziell erst recht ungesicherten Fabrikarbeiter. Nur die französische Perspektive des »Parzellenbauern« konnte attraktiv sein, d.h. die Bourgeoisie mußte wenigstens auf einen Teil des Landes verzichten, das sie sich sonst bei ihrer Machtergreifung bei den entsprechenden Versteigerungen mühelos unter den Nagel hätte reißen können – wollte sie sich dieser zusätzlichen Einnahmequelle nicht von vornherein berauben, bedeutete dies nach dem Satz »Was ist das unter so viele!« aber das Ende ihres Klassenbündnisses mit dem Adel, wie es die französische Revolution exemplarisch vorführte, England aber nie).

Wenn das aufsteigende Bürgertum versuchte, den feindlichen feudalen Suggestionsapparat unter seine Kontrolle zu bekommen – nichts anderes bedeutete die Reformation, auch wenn das Bürgertum dabei öfters sehr ungleich und selber benachteiligt seine politisch-ökonomischen Errungenschaften mit dem örtlichen Fürsten teilen mußte, als dessen Juniorpartner allein es soweit Erfolg haben konnte (das bedeutet Luthertum und erst recht Anglikanismus) –, dann nur deshalb, weil dieser uralte Apparat als eine feindliche Kraft, eben die ideologische des Feudalismus, nun einmal bestand und auf seine ersatzlose Abschaffung nicht zu hoffen war. (Erst die französische Revolution, getragen von einem im Vergleich zum Spätmittelalter sehr starken, personell noch lange nicht durch Kapitalkonzentration grob ausgedünnten Bürgertum, hat dies ganz kurz versucht, aber schnell wieder aufgegeben, da sich zeigte, daß auch die bürgerliche Herrschaft, anders als erwartet, der organisierten Lüge bedurfte.) Die Religionskritik war in der Funktion somit allemal antifeudal, egal, was ihre Protagonisten sich dazu persönlich dachten oder nicht, und ebenso egal, ob sie an einzelnen Dogmen oder sogar nur Ritualvorschriften (wie Hus) ansetzte oder nach einer gewissen historischen Anlaufzeit auf die Grundlagen zielte (wie die Aufklärung). Die Dogmenkritik lief wundersamerweise immer darauf hinaus, den Kirchenapparat in bürgerliche oder wenigstens absolutistische Hände zu überführen, und wenn die Religionskritik auf dessen Abschaffung ausging (denn echte religiöse Toleranz, wie die Aufklärung des erstarkten Bürgertums sie forderte, hat ein rasches Absterben aller Religionen zur Folge, da diese ohne Gewalt und Unfairneß, d.h. unfaire Ausnutzung von Schwächesituationen, einfach nicht gedeihen können), dann tat sie das erst, wenn die bürgerliche Klasse ausreichend erstarkt war und außerdem ein gutes Gewissen hatte, das immer die Ansicht erzeugt, ohne Lüge auskommen zu können. Und so sah es 1789 ja auch wirklich aus.

Wenn aber die Reformation antifeudal ist, was wird aus ihr, wenn sie plötzlich in einen Raum ohne Feudalherren gerät? Als das Bürgertum in Europa gegen die fortbestehende Feudalität (oder deren absolutistischen »Naturschutz« in Gestalt fortbestehender Adelsvorrechte, insbesondere der Leibeigenschaft) weiter erstarkte, radikalisierte sich auch seine Dogmenkritik zur Religionskritik; in den USA kam keine autochthone Aufklärung zustande, weil spätestens mit der erkämpften Unabhängigkeit das antifeudale Motiv dazu fehlte. Umgekehrt mußten die geflüchteten Sektierer ihre unter so vielen Opfern bewahrte Glaubenstreue auch weiter unter Beweis stellen, da sie sonst ihren ganzen Calvinismus, Baptismus, Quäkertum usw. als pure Heuchelei hätten empfinden müssen, einzig vorgetäuscht, um einen würdigen Grund zum Streit mit der Staatskirche zu haben. Außerdem erfordert der Ausbau der Dogmenkritik zur allgemeinen Religionskritik einigen persönlichen Mut, wie ihn der Haß auf feudale Unterdrücker und Wirtschaftsbehinderer stets am Leben erhalten oder wiederbelebt hätte; zu ihm fehlte also der Stachel. In der gleichen Weise bildete sich in den USA niemals eine Demokratie heraus; solange das Ganze eine paradiesische

Gesellschaft aus lauter austauschenden Kleinbesitzern war, konnte die Regierung faktisch auf einer Art massenhaftem Konsens und minimalem Staatsapparat aufbauen – dies der wahre Kern der allzu hymnisch gefeierten US-»Demokratie«, eher also zunächst einer kleinbäuerlichen Anarchie in der Art des alten Island mit seinen »Goden« – »Dich singe ich, Anarchie!« wäre also treffender gewesen –, danach eine faktische Diktatur des rasch erstehenden Großbürgertums mit Wahl- und Vorwahlkarneval in der Art des alten Roms mit unmündigen Massen, die ihre Unmündigkeit als Fortsetzung der primären Farmeranarchie romantisch zu verklären hatten. Nach kurzen inneren Erschütterungen zwischen fortbestehenden Kleinproduzenten (die die Sklaverei ablehnten) und werdenden Kapitalisten (die sie tolerierten, aber keineswegs benötigten) im Kampf gegen die Sklavenhalter-Sezessionisten (denen also, man denke daran, keine Tibet-Romantik *ante datum* eingeräumt wurde), stellte sich ein ideologischer Konsens zwischen dem siegreichen Klein- wie Großbürgertum ein, »poor whites« galten ebenso wie verachtete ehemalige Sklaven-Latifundisten als leidlich ehrenvoll geschlagene Verlierer, und dann war es sozusagen zu spät zur erfolgreichen politischen Klassenvertretung des entstehenden Proletariats, denn erstens gab es noch sehr lange für dessen intelligenteste und tatkräftigste Mitglieder (»go West!«) weitaus mehr und bessere Möglichkeiten zu individuellen Auswegen als im gleichzeitigen Europa, was zum chronischen Mangel an fähigen Führern führte, zweitens hatte sich das kapitalbesitzende Bürgertum schon lange und vor allem ungestört als so konkurrenzlos herrschende Klasse mit allen dazugehörigen Apparaten etablieren können wie fast nur noch die Feudalität am Ende der Völkerwanderungszeit in Westeuropa. Eine Zentralisation des religiösen Apparates wäre dabei für sie so unvorteilhaft gewesen wie dessen Absterben oder gar Beseitigung. Der Grund dafür war, daß er als ideologisches Zentralmedium in der gesamten US-Geschichte niemals benötigt worden war – für den »American Dream« sorgten Schulen, Zeitungen, Universitäten ausreichend und besser, vom späteren Fernsehen ganz zu schweigen –, zur Basisneurotisierung, die auch dezentral durchgeführt werden kann wie in den Familien des kaiserlichen China und die auch ein funktionierender Kapitalismus, erst recht Monopolismus, sehr gut brauchen kann, aber umso mehr. (Insofern sind die USA geradezu ein globales Zukunftsmodell.) Entsprechend ermutigte und schützte die unangefochten herrschende Klasse über ihre Gesetzgebung und Justiz die (autonomen, dezentralen) religiösen Organisationen und entmutigte die Kritik ihrer wichtigeren gemeinsamen Inhalte (»Affenprozeß« usw.).

Dies waren sehr viel mehr Worte zum Thema, als Dawkins darauf verwendet hat, und so unzulänglich die seinen auch waren, so sehr mag man sich fragen, ob meine (die trotzdem nicht mehr als eine sehr rohe Skizze liefern konnten) nicht zu viele waren, wenn es doch nur um die Frage der Religion und deren Entstehung geht. Das klingt zunächst berechtigt, aber es ist, genau wie bei mancherlei körperlichen oder chemischen Strukturen der Organismen, gewöhnlich unmöglich, die Entstehung einer Sache ernsthaft zu begreifen, ohne ihre Funktion zu verstehen. Diese ist bei der Religion zwar recht einfach – der Suggestionsapparat der Herrschaftsträger zu sein –, aber sie entfaltet sich erst in der konkreten Geschichte, und ohne deren Betrachtung und Verständnis wird die ursprüngliche Einsicht leicht zur inhaltsarmen Phrase, willkommene Beute der beamteten oder journalistischen Töner, Selektiv-Sarkastiker und Ideologen. Man lernt bei dieser historisch-funktionalen Analyse auch immer besser die relative Bedeutungslosigkeit der subjektiven Motive kennen, welche ihre oft zufälligen Wortführer und Ausgestalter, z.B. religiöse Reformer, persönlich bewegen; historisch, nämlich durch Memselektion, werden ihre geäußerten und elaborierten Inhalte nur, soweit sie kollektiven Interessen entsprechen, gewöhnlich Klasseninteressen, und für diese ähnlich nützlich sind wie z.B. die Blattform für gewisse Orthopteren. Klassen wie Organismen haben dabei gemeinsam, daß sie die hierfür benötigten Meme oder Gene keineswegs bewußt zusammenstellen, also weder Ideologien »designen« (wie das heute allerdings tatsächlich öfters vorkommt, z.B. für globale Propagandastrategien etwa zum Erhalt des AIDS-Virus, wo man in Gestalt eines gewissen Aronson sogar den wichtigsten »Designer« kennt, bei den »Brutkastenbabys« und »Massenvergewaltigungen«

dagegen anscheinend nicht) noch Eugenik treiben, sondern durch ihr jeweils individuelles Verhalten bzw. Schicksal die entsprechende Selektion bewirken. Bestaunenswerte Wunder an Effizienz und Ökonomie sind übrigens die Produkte der Selektion beider Materialien gleichermaßen.

Doch diese Lektion hat sich Dawkins anscheinend entgehen lassen; er klebt unentschlossen am Individuum, wo er von der Fragestellung her viel eher die Selektionsbedingungen der relevanten Meme ins Auge fassen sollte. Deshalb hat man manchmal den Eindruck, er versuche auf Individuen mit Argumenten zu wirken, die dagegen doch so unempfindlich sind wie eine Mikrobe oder ein Naturvorgang. Seine Versuche, in ideologisch, nämlich religiös, festgelegter Umgebung irgendwie zu argumentieren, erhalten daher manchmal etwas unangemessen Rührendes. Denn wenn die Religionsvertreter, deren bodenlose argumentative Minderwertigkeit Dawkins gerade so gutartig, geduldig und anschaulich bewiesen und vorgeführt hat, ehrlich antworten könnten, würden sie zu ihm höchstwahrscheinlich sagen: »Lieber Richard, daß wir die reine Scheiße reden, wissen wir auch ohne dich. Deshalb würden wir dich auch lieber foltern und verbrennen (oder anderweitig auf spektakuläre und grausame Weise töten), teils, damit du den Mund hältst, teils, damit durch den Abschreckungswert deines Beispiels auch andere fähige und zielstrebige Vernunftvertreter den Mund halten – sich ihrerseits zaghaft und unredlich zu verheddern, gestatten wir natürlich gerne allen, aber auf dieses Angebot bist du nun einmal nicht eingegangen –, und teils, weil wir dich aufrichtig hassen, denn es ist gar nicht so angenehm, daran erinnert zu werden, daß man Scheiße redet, und wir haben genug damit zu tun, uns von dieser unvermeidlichen inneren Wahrnehmung, die nun einmal auf das Selbstwertgefühl drückt, selber ausreichend abzulenken. Deshalb machen wir, wenn wir sie durchführen können, unsere Scheiterhaufen und Steinigungen nicht zum Spaß; ohne einen wenigstens mäßigen staatlichen Ersatz für sie können wir nicht leben, und es tut uns deshalb fast körperlich weh, Leute wie dich ungestraft und ungekränkt leben zu sehen. Sicher sind deine Argumente richtig, sogar zwingend, aber gerade deshalb stören sie uns, auch wenn es nun einmal zu unserem Berufsbild gehört, das nicht zugeben zu dürfen.«

Es ist nun einmal so: keine Religion ohne Gewalt, so wenig wie ein Lebewesen ohne Energiezufuhr; wird ihr diese Gewaltgrundlage nicht gesellschaftlich geliefert, dann geht sie ein. Oppositionelle Religionen, etwa die Juden unter dem christlichen Joch, sind nur scheinbare Gegenbeispiele. Denn ursprünglich entstammen sie ganz genauso gesellschaftlicher Gewalt wie ihre am Ruder befindlichen Gegner, das Judentum z.B. mit all seinen sympathischen und weniger sympathischen Zügen der sog. »segmentierten« Stammesgesellschaft. Umgekehrt entstehen Sekten und überhaupt Erlösungsreligionen, als deren frühestes und klassischstes Beispiel der Buddhismus gelten darf, aus der Kritik und als Alternative bestehender, von welchen sie, wie oben am Protestantismus gezeigt, unvermeidlicherweise Strukturelemente übernehmen; sie wären sonst nicht lebensfähig, und ihre Klassengrundlage muß man im allgemeinen nicht lange suchen (im Falle des Buddhismus Händler und Kaufleute, die sichere Straßen ohne Binnenzölle wünschten, nicht aber Abgaben an Adel und Brahmanenschaft, und darum in Indiens vorübergehendem Einiger Aschoka durch Interessenüberschneidung einen Schutzherrn fanden; im Falle des Christentums die von der römischen Steuerschraube zerdrückten, sehr passiven »Aussteiger« aus der »Welt«, die ihnen nur Lügen und sozialen Abstieg bot). Offen oppositionelle Religionen beziehen ihre Zähigkeit aus ihrem Oppositionswillen, der durch erlittenes Unrecht gespeist wird; sie zahlen dafür allerdings mit fortwährender Verfolgung und Erniedrigung, wenn ihnen nicht entweder eine erfolgreiche Massenauswanderung, sozusagen die »Flucht aus Ägypten«, gelingt, oder sie unter ihren Unterdrückern eine unbequeme ökologische Nische finden, z.B. als Kopfsteuer-Melkkühe (»Dhimmis«) oder lebendes und permanentes abschreckendes Beispiel, was aus jemandem wird, der das liebe Jesulein nicht fressen will (die europäischen Juden, welche auf diesem Wege zusätzlich das Abschiebegleis für alle wirklich unbeliebten bzw. von den Auftraggebern verleugneten Tätigkeiten wurden). Stammesreligionen begnügen sich zwar mit rituellem Konformismus und sind insofern notorisch »tolerant«, ebenso wie ihre antiken Fortsetzungen, von denen nur noch der Hinduismus nennenswert am Leben ist; aber mit eben jenem Ritualismus verstehen sie keinen Spaß, und können sie die in diesem Zusammenhang nötige Gewalt nicht mehr einsetzen, dann gehen sie langsam ein. Alle Religionen leisten neben der Basisneurotisierung vor allem die Primärtestung darauf, was das Individuum an Zumutungen, zentral intellektueller Art, schluckt; hat es das in jungen Jahren »erfolgreich« geleistet, kommt sie meistens zur Belohnung nur noch mit gebremstem Schaum und unverbindlichem *psycho brabble* einher. Aber ihre Aufgabe hat sie erfüllt: das war sie gewesen. Natürlich kann sie, besonders in vorindustriellen Gesellschaften, auch noch zusätzliche Funktionen übernehmen, insbesondere, wie vor allem Christentum und Islam für lange Jahrhunderte, diejenige des zentralen ideologischen Mediums (man fragt sich dann z.B. nicht mehr wie in der Antike oder an heutigen Universitäten, welches Verhalten für welchen Zweck das beste sei, sondern welches den Willen Gottes erfülle; *in praxi* kommt es allerdings auf dasselbe hinaus, mindestens in jeder Klassengesellschaft also auf Ideologie, somit gesellschaftlich elaborierte und standardisierte Rationalisierung von keineswegs beliebiger Tendenz). Aber diese Funktion kann sie auch abgeben – wie übrigens sogar ihre Grundfunktionen, und dazu ist nicht einmal eine Industriegesellschaft nötig; das beweist die ganze Geschichte des kaiserlichen Chinas, das der Religion als solcher (nicht bestimmten, zu Recht oder zu Unrecht oppositionsverdächtigen oder allzu kostenintensiven Religionen) niemals feindlich, aber immer nur gemäßigt förderlich gegenüberstand und am Vorrang des Staates bzw. der Familie keinen Zweifel duldete. Dies mag dem religionsgebeutelten Europäer, Araber oder Amerikaner die Antwort auf die Frage erleichtern, ob eine von der Religion gesäuberte Welt wirklich oder notgedrungen besser wäre; ist sie von ihr **ersatzlos** gesäubert, dann ist sie es ganz sicher, aber es ist zu befürchten, daß mindestens in einer Gesellschaft, in der mächtige Nutznießer und daher Gesetzemacher und Kontrolleure der Mem-Multiplikatorstellen ohne Lüge und massenhafte Geistesträgheit viel zu verlieren hätten, ein Ersatz bald nachgewachsen wäre. Das soll mitnichten den Wert des Kampfes gegen die Religion leugnen oder gar »weise« von ihm abraten, aber es soll erschweren, die klassische Religion im eigenen Kopf durch eine ebenso irrationale Religion der Vernunft zu ersetzen. Wenn wir unter Religion eine aktiv festgehaltene realitätswidrige Überzeugung verstehen wollen, dann ist die Überzeugung, man brauche nur die bekannten, also religiösen Vernunftwidrigkeiten wegzuräumen, um einer von nun an unbehinderten Vernunft zur unbegrenzten freien Selbsttätigkeit einfach den Startschuß zu liefern, nach welchem sie nur noch selten oder nie das Medium einer Rationalisierung wird, selber eine Religion also, jedenfalls, wenn sie sich gegen Einwände abschottet. Ich glaube dagegen – als diesem unerwünscht universaler Anhänger jenes Festinger, der die »kognitive Dissonanzreduktion« beschrieben hat –, daß eben diese KDR mit und ohne Religion gleich verderblich ausfällt, so sehr in einem Fall diese Religion, im anderen eine andere Verdrehung der Tatsachen oder der Logik ihr Ergebnis sein wird. (Allerdings dürfte es schwerfallen, für den anti-ödipalen Generalbaß in der religiösen Passacaglia einen ebenso effizienten Ersatz zu finden; einige Jahrtausende harter Memselektion vollbringen beachtlichere Leistungen als bloß bewußte, kurzatmige oder »flache« Lehrer- und Pressepropaganda, was vielleicht erklärt, warum chinesische Bauernaufstände manchmal erfolgreich verliefen, europäische nie.) Der Kampf gegen die Religion ist nützlich, weil er die Ichstärke wachsen lassen kann bzw. im Erfolgsfall ihre frühe Schädigung eindämmt; KDR-Neigung und Ichstärke sind aber umgekehrt proportional, und somit erhöht die Ichstärke die KDR-Resistenz, egal, ob die KDR der Religion oder einer anderen Ideologie dient.[4] Die Ichstärke selbst

---

[4] Ideologiefrei war der verflossene »Ostblock« leider höchstens halb so viel wie sein vitalerer überlebender Gegner der anderen Himmelsrichtung, welcher sich freilich grotesk genug eigene Ideologiefreiheit noch viel großmäuliger und absurder poppernd selbst bescheinigte als sein Gegner und Opfer. Deshalb durfte Religionskritik oder gar -analyse auch im Ostblock niemals treffend und umfassend sein, mußte stets fragmentiert oder plump »danebenliegen«.

kann gesellschaftlich gefördert oder geschädigt werden; frühe Naturerfahrung in Tateinheit mit Naturerklärung fördern sie (dafür bietet Dawkins in eigener Person ein gutes Beispiel, vielleicht auch ich selbst), das Gegenteil und manches mehr zerrütten sie oder lassen sie gar nicht erst aufkommen. Es ist naiv anzunehmen, daß die Inhaber der Gewalt und der durch sie gesicherten guten Plätze diese nicht dafür nutzen werden, die durchschnittliche Ichstärke im Volk über ihren ganzen Schul- und sonstigen Beeinflussungsapparat genau so zu dosieren, daß sie optimal zu ihren Zwecken paßt, also meist sehr niedrig, und so lange es Religion gibt, entscheidet dies recht weitgehend über ihren Fortbestand. Deshalb war sie im 19. Jahrhundert ernsthaft bedroht und wuchert jetzt wieder, übrigens auch der materielle Besitz ihrer Organisationen.

Hätte ihr passives Verschwinden übrigens wirklich jene erfreulichen Folgen, die Dawkins am Anfang seines Buches heraufbeschwört (*p.* 12)? Das WTC-Attentat und sein Unterbleiben ist als Anfangs- und Paradebeispiel besonders unglücklich, denn es setzt den Glauben an die mit so gewaltigem Einsatz bis hin zu den absurdesten Flughafenschikanen weltweit eingehämmerte offizielle US-Version desselben voraus, der gegenüber ich mir sofort eine gesunde Skepsis gestattete (siehe HOEVELS 2001). Es ist zwar zuzugeben, daß ohne Religion auch der CIA, wenn mein Verdacht stimmen sollte, in den von uns und anderen Vasallenvölkern finanzierten, riesengroßen antidemokratisch-proreligiösen Militärlagern in Nordpakistan, mit welchen die USA die Taliban züchteten und der Sowjetunion ihren vielleicht größten Schaden zufügten, die wohl recht bald beginnende Herausfilterung fernlenkbarer Knallköpfe für Bedarfs-Sensationsattentate (darauf deuten auch die ominösen Gerüchte von einem »Vorwissen der CIA« über das WTC-Attentat) sehr viel schwerer gefallen wären, vielleicht nicht einmal möglich gewesen wären, denn man braucht sehr beknallte Köpfe dafür, und in diesem Zusammenhang liefert die Religion die makelloseste Qualitätsware. Allerdings hat die Polizeiunterwanderung der irreligiösen und dennoch beknallten RAF in deren allerletzter Runde auch noch zwei Attentate hervorgebracht, welche sehr gut zu den US-Interessen paßten und deren Täter im Gegensatz zu allen ihren »echten« Vorgängern niemals gefaßt wurden noch die allerleiseste Spur hinterließen, während gleichzeitig die Polizei weiträumig für ihr Entkommen sorgte; aber diese zwei letzten Kuckuckseier einer nicht mehr existierenden RAF waren ja auch keine Selbstmordattentäter, wie man sie unter *bezahlten* bzw. bewußten, ihre reale personelle Steuerung kennenden Agenten wohl niemals oder nur in extremen Ausnahmefällen finden wird. In jedem Fall ist aber richtig, daß gerade, wenn Religion im Spiel war, das WTC-Attentat auch unterblieben wäre, wenn es zwar immer noch Religion, aber dafür keinen Imperialismus (= gewaltgestützte US-Einmischung in innerarabische Angelegenheiten) gegeben hätte. Denn so sehr der Islam den »Dschihad«, d.h. den bewaffneten Eroberungskrieg gegen die nicht-islamisch beherrschte Umgebung, gebietet (und jede Leugnung dieses Tatbestands ebenso dreist wie lächerlich ist), ebenso stellt er sich diesen als klassischen Angriff einer vorrückenden und anschließend besetzenden Armee vor, niemals als isolierte Terrorattacke oder deren Serie, da dieses nur den Trotz und die Wachsamkeit der Angegriffenen, niemals aber die Erfolgsaussichten der Angreifer hätte steigern können; Mohammed war vielleicht fanatisch, aber mit Sicherheit nicht verrückt. Falls die (unmittelbaren) WTC-Attentäter religiös motiviert waren, so sahen sie in ihrem Unternehmen bestimmt nicht den Beginn einer erfolgversprechenden militärischen Attacke zur Unterwerfung der Ungläubigen, sondern eine Art Racheakt oder Vergeltungsschlag an diesen.

Aber sind Dawkins' andere Beispiele wirklich viel glaubwürdiger? Für die Londoner U-Bahn-Anschläge gilt Ähnliches wie für das WTC-Attentat; Polizeiprovokationen gegen kolonialkriegsmüde englische Steuerzahler sind als Hintergrund jedenfalls sehr schwer auszuschließen, und »Kaiserliche Wirklich Geheime Dynamiträte« (MEW XXI 188–190) haben gerade in London schon lange Tradition. Unzweifelbar echte islamische Attentate (unter Einschluß auch von Selbstmordattentaten) waren unbestreitbar lange Zeit sehr zahlreich, fanden aber immer in einem längst gegebenen und niemals einseitigen militärischen Kontext statt, und die Vernichtung der irakischen Souveränität hat ja gerade *keiner* islamistischen, sondern einer gemäßigt aufgeklärten Regierung mit islamistischen Feinden im eigenen Land gegolten und daher, wenig überraschend, zur *Rückkehr* des übelsten, bremsenlosesten Islam in das kolonialistisch vergewaltigte Land geführt – anders ausgedrückt: für die Verteidigung der legitimen irakischen Regierung machen religiöse Fanatiker keine Attentate in fremdem Land, höchstens verzweifelte, nicht primär religiös motivierte Patrioten, aber auch dafür existiert kein einwandfrei beglaubigter historischer Präzedenzfall (IRA-Attentate u.ä. trafen immer den benachbarten, niemals den **fernen** Gegner).

Es ist klar, daß sich Dawkins mit der pointierten Wahl gerade dieser Beispiele als staatstreuer Bürger, »guter Untertan des Kaisers«, empfehlen will, wie schon mancher Jude oder Atheist vor ihm. Genützt hat dieses Manöver gewöhnlich nicht, denn zum vollwertigen Untertanen gehört und gehörte eben die *absolute* Linientreue, und die schloß zielsicheren Verstandeseinsatz gegen gewaltsam und langfristig festgeklopfte Mehrheiten aus. Dagegen handelt er sich als treuer Untertan gleich ein paar neue *sacrificia intellectus* ein, die zwar nicht so schlimm ausfallen wie bei der Religion, da sie keinen apriorischen Glauben an außerweltliche materielose Subjekte mit innerweltlicher materieller Wirksamkeit verlangen, aber doch immerhin so schlimm wie bei Stalin, der dies ja auch nicht verlangte, aber dafür den Glauben an allerhand rasch Widerlegbares dennoch. Dawkins' Scheuklappen gegen Marx und Freud kennen wir schon, und es wäre überraschend, wenn sie anderswo als auf diesem logik- und wahrnehmungsfeindlichen Boden der fdGO wurzeln sollten; sein Verstand und sein moralisches Urteil sind zwar – aus wie bekannt erworbener Ichstärke heraus einfach fortwirkend – stark genug geblieben, um den US-Überfall auf den Irak zu mißbilligen, aber er traut Bush tatsächlich zu, an seine eigenen Lügen über die irakischen Wunderwaffen geglaubt haben zu können, was doch so unwahrscheinlich ist wie Hitler die seinigen über den analogen »Sender Gleiwitz«, und auch zu der mißmutig-unwilligen Reaktion Bushs auf die kurze Zeit nach der Besetzung seines Opferlandes an ihn erfolgten Bitte, die Suche nach den naheliegenderweise unauffindbaren Wunderwaffen fortzusetzen, will dieser törichte doch leidlich unschuldige Glaube nicht passen; daß man, wie Bush empfahl, den Punkt möglichst rasch vergessen solle, spricht nicht eben dafür, daß er sich »geirrt« hatte, spricht also weniger für einen religiösen Wirrkopf mit strafrechtlich entschuldigend eingeschränkter Zurechnungsfähigkeit als für einen eiskalten Massenmörder und Kriegsverbrecher (»George W. Bush behauptet, Gott habe ihm gesagt, er solle im Irak einmarschieren – schade, daß Gott sich nicht dazu herabließ, ihm zu offenbaren, daß es dort keine Massenvernichtungswaffen gab. Menschen in psychiatrischen Kliniken [usw.]«, p. 123). Hier ist Dawkins' sonst so scharfer und, solange es sich um rein evolutionstheoretische Themen handelt, sogar unbestechlicher Verstand offenbar von Furcht überwältigt und geknickt worden – von durchaus verständlicher Furcht übrigens, auf deren traurige Folgen so schnell keiner den ersten Stein zu werfen berechtigt ist, auch ich nicht. Aber konstatieren darf und sollte man sie.

Schlimmer ist seine grenzenlose Naivität, die er andernorts (eR *cap.* 5) bei der Verteidigung der »Genfahndung« entwickelt, also der präventiven Anlage von Genproben der Gesamtbevölkerung zwecks Täterermittlung bei Verbrechen. Denn er vergißt ganz das Definitionsmonopol für das Wort »Verbrechen«, welches die Gewaltträger innehaben – Flugblattverteilung oder Beschädigung von Schnüffelinstrumenten, etwa Ausbau von Pkw-Ortungssendern, könnten solche Verbrechen werden, und schon kann der definierende Staat, der per Haarprobe u.ä. Flugblattverteiler zur Folter oder auch nur zur Haft schleppen läßt, gar nicht mehr totalitärer werden, die Staaten Hitlers und Stalins hoffnungsvolle Rechtsstaatsinseln neben ihm im Strom der Geschichte (denn er verewigte sein Regime weitaus solider und für sich aussichtsreicher gegen jede Opposition, die sich ja sammeln muß, um wirksam werden zu können, als besagte dämonisierte und auch in der Tat sehr üble Unpersonen der neueren Zeit). Sehen wir uns Dawkins' Argumentation einmal genauer an:

»Die Frage, ob man eine nationale DNA-Datenbank einrichten soll, beschäftigt heute die meisten Staaten in dieser oder jener Form, und sie wird in Zukunft noch dringlicher werden (...). Findet man dann am Tatort eines Verbrechens Blut, Sperma, Speichel, Haut oder Haare, könnte die Polizei eine solche Probe zunächst mit der DNA eines Verdächtigen vergleichen, bevor sie ihn mit anderen Mitteln zu überführen sucht. (...) Schon der Vorschlag provoziert Protestgeheul: Es sei eine Verletzung der persönlichen Freiheit, der Anfang vom Ende, ein Riesenschritt in Richtung Polizeistaat. Mir war immer ein wenig schleierhaft, warum die Menschen *ganz automatisch* so heftig auf derartige Vorschläge reagieren. Wenn ich mich sachlich mit dem Thema befasse, bin ich nach sorgfältiger Abwägung dagegen. Aber es ist nichts, was man von vornherein verurteilen sollte, ohne das Pro und Contra überhaupt genau zu betrachten. Also tun wir es« (eR 149*sq.*).

Hier hat sich Dawkins von der zweifellos hysterischen bis idiotischen **Form** der »Datenschutzeinwände« blenden lassen, die wir alle bis zum Erbrechen zu hören bekommen – Meme sind's also – und die von den dazu geeigneten Medien (Fernsehen, Zeitschriften) umso eifriger verbreitet werden, je törichter und hysterischer sie sind und je mehr sie neben dem Thema liegen. Das ist der mittlerweile standardisierte Mechanismus, den die Herrschaftsträger in Gang setzen, wenn sich gegen ihre Maßnahmen oder Verbrechen *berechtigte* Einwände erheben können. Daß diese von (systematisch geförderten bzw. mit »laut gedrehten Mikrophonen versorgten«) Krakeelern verdeckt bzw. substituiert werden, beweist mitnichten, daß es sie nicht gibt, sondern ist nur der mit Überlegung ausgelegte Köder, in den der sonst so kluge Dawkins gebissen hat. Das zeigen die unmittelbar nächsten Sätze:

»Wenn sichergestellt ist, daß die Informationen ausschließlich zur Ergreifung von Verbrechern verwendet werden, ist schwer einzusehen, warum ein unbescholtener Bürger etwas dagegen haben sollte. Mir ist bewußt, daß viele engagierte Bürgerrechtler prinzipielle Einwände erheben. Aber eigentlich verstehe ich die Begründung nicht ganz, es sei denn, wir wollten das Recht der Verbrecher schützen, Verbrechen zu begehen und nicht gefaßt zu werden.« Doch, genau das wollen wir, auch wenn die Hysteriker von »Bürgerrechtlern« sich das nicht zu sagen trauen: weil das »Verbrechen« sehr leicht einfach in irgendeinem Akt bestehen kann, der die Sammlung politischer Opposition bzw. die Gewinnung oder Weitergabe dabei möglicherweise nützlicher Informationen zum Inhalt hat. Vielleicht sind die Zeiten nicht mehr fern, in denen jeder, ähnlich wie in dem noch recht naiv gestalteten Buch ›Fahrenheit 471‹, ebenso leicht und legal und chancenlos in einem Folterkeller verschwinden kann wie zur Zeit der Hexenprozesse, aber mit geringerer Aussicht auf einen Wandel dieses Zustands von innen heraus als damals; der US-Zugriff auf Passagierdaten, »biometrische Daten«, die weltweite Abschaffung des Bankgeheimnisses und Uncle Sam's Konzentrationslager für verdächtige Ausländer, die an Scheußlichkeit und Mißachtung der Menschenwürde den Vergleich mit denjenigen Hitlers ganz und gar nicht zu scheuen brauchen, von den in dieser (sic) Hinsicht besser abschneidenden Stalins ganz zu schweigen, werfen ihre Schatten voraus. Verehrter Meister: Haben Sie den Satz »*Quis custodiet custodes?*« wirklich noch nie ernstgenommen (oder die Warnung des Evangeliums, was man denn machen sollte, wenn das Salz »dumm« wird, also ein als einziger bestehender Funktionsträger seine Funktion einbüßt, hier der sogenannte Rechtsstaat)? Finden Sie meinen Einwand, daß »Verbrechen« im konkret wirksamen Fall immer auf einer gewaltgeschützten Begriffsmonopolisierung grundsätzlich beliebiger Art beruht, für genauso unerheblich wie die pressegeförderten Aufgeregtheiten angeblicher Datenschützer? Und wenn nicht: warum kommen Sie denn einfach nicht drauf, machen nicht den kleinsten Versuch der Widerlegung? Denn Ihr Argument gegen »DNA-Daten in Hitlers Hand« hat mit meinem naheliegenden und ernsten Einwand nichts zu tun und erscheint mir regelrecht kindisch:

»Eines der häufigsten Argumente gegen derartige landesweite Datenbanken lautet in etwa: ›Was wäre, wenn sie in die Hände eines Hitler fiele?‹ Auf den ersten Blick ist nicht (!) zu erkennen, welchen Nutzen eine böswillige Regierung aus wahren Informationen über die Bevölkerung ziehen könnte. Man könnte meinen, solche Leute seien so erpicht darauf, falsche Informationen zu verwenden, daß sie sich gar nicht die Mühe machen müßten, wahre Informationen zu mißbrauchen. Aber was Hitler angeht, muß man daran denken, daß er die Juden und andere Gruppen verfolgte. Zwar stimmt es nicht, daß man einen Juden an seiner DNA erkennen kann, aber bestimmte Gene sind charakteristisch für Menschen, deren Vorfahren beispielsweise aus einzelnen Regionen Mitteleuropas stammen, und es gibt statistische Zusammenhänge zwischen dem Vorkommen gewisser Gene und der Zugehörigkeit zur Gruppe der Juden. Es ist nicht zu leugnen: Wäre Hitlers Regime im Besitz einer nationalen DNA-Datenbank gewesen, hätte es mit Sicherheit entsetzliche Wege gefunden, sie zu mißbrauchen« (eR 153).

Hat den sonst so intelligenten Biologen Dawkins am Ende seine englische Staatsbürgerschaft, d.h. diejenige eines Landes, in welchem alle dort jemals abgehaltenen Wahlen unter demokratischem Aspekt ausnahmslos nur ein schlechter Witz waren und wohl für immer bleiben müssen, derart entpolitisiert, daß er gar nicht mehr auf den Gedanken kommt, es könne auch organisierte politische Opposition geben, bei deren Identifizierung und Vernichtung biometrische Daten vom Fingerabdruck bis zur DNA-Kenntnis weitaus effizienter eingesetzt werden können als beim Ausleben eines letztlich doch nur vorgetäuschten Rassismus? Denn ganz im Gegenteil zu Dawkins' »nicht zu leugnender« Phantasie hätte die Verfügbarkeit einer DNA-Analyse zur Hitlerzeit die ganze Judenjagd kräftig durcheinandergewirbelt bis verhindert: wie viele als »Juden« stigmatisierte Staatsbürger hätten da nicht auf ihre ja so oft fehlenden charakteristischen Gensequenzen gepocht und prozessiert, wie viele andere hätten sich ohne Vorahnung als »Juden« wiedergefunden und sich durch diese latente Drohung den ganzen sonst vielleicht willig geteilten Antisemitismus verleiden lassen! (Das ist ja in etlichen Fällen sogar ohne DNA-Kenntnis passiert – man stelle sich aber vor, diese wären statistisch bedeutsam geworden!) Hätten die Judenjäger des Dritten Reiches – unter Einschluß Hitlers – ihren ganzen Rassismus (für welchen Dawkins als echter Biologe natürlich, wie sein zitierter Text zeigt, viel zu aufgeklärt ist, aber neben allerhand Nazi-Traditionalisten, die beileibe keine deutsche Spezialität sind, glauben bis heute auch noch verdammt viele Juden zu meinem Entsetzen an die Existenz der »jüdischen Rasse«, die, wenn es sie gäbe, in der Tat sehr leicht durch DNA-Analyse nachweisbar wäre) wirklich geglaubt, wenigstens mehrheitlich, dann hätten sie die Angehörigkeit zur jüdischen »Rasse« nicht ausgerechnet aus *Kirchenbüchern* oder religiösen Steuerlisten ermittelt, wobei alle Personen, die zu einem gewissen Stichtag getauft oder wenigstens konfessionslos waren, auf einmal als Nichtjuden galten (»Arier«, was angesichts der Zigeunervernichtung ein neuer Blödsinn ist, aber heute noch den unausrottbaren Glauben von Millionen Indern darstellt, welche der deutschen Sprache die größte Verwandtschaft mit der ihrigen zuschreiben, der vom Deutschen erst seit anderthalbtausend Jahren getrennten englischen aber keineswegs – eine etwas dämliche Rache an ihren Kolonialherren nach dem Motto: »Die Feinde meiner Feinde sind meine Verwandten«). Freilich mußte dieser Stichtag ziemlich früh liegen, denn sonst hätte man Hitler seinen das damals noch unbeliebte Mittelalter verleugnenden »Rassismus« überhaupt nicht mehr abgenommen, der doch nur ein wiederkehrendes rabiates Christentum verleugnen sollte – dadurch hatten etliche Menschen, die nach bloßen Herkunftskriterien zweifellose Juden waren, doch noch ein bißchen Glück. Die Verfügbarkeit einer echten Rassen- bzw. biologischen Herkunftsanalyse, einer DNA-Analyse eben, hätte ganz im Gegensatz zu Dawkins' hier reichlich ignoranter Phantasie den ganzen »schönen« Hitlerrassismus höchstwahrscheinlich zum Einsturz gebracht, die Jagd auf KPD-Mitglieder, d.h. die zahlenmäßig und der Aktivität nach erdrückend überwiegende und einzig ernsthafte innere Opposition, dagegen sehr erleichtert, denn deren »Verbrechen« hätte man auf dieser Grundlage viel leichter aufgespürt und nachgewiesen. Aber darauf, wie gesagt, kommt Dawkins gar nicht erst. Seine einzigen Einwände betreffen verhältnismäßig geringere Gefahren wie Zerstörung des Solidarprinzips im Versicherungswesen, von Erpressern genutzte unerwünschte Vaterschaftsnachweise u.ä. Auf die Hauptsache kommt er nicht, und da er in seinem Fach fast stets makellosen Scharfsinn beweist[5],

---

[5] Nur seine lückenlose Leugnung der Gruppenselektion nehme ich ihm nicht ab, denn wie steht es mit gruppenweise lebenden Tieren, die,

liegt die Annahme nahe, daß er zugunsten des monoimperialistischen Systems ein *sacrificium intellectus* gebracht hat, nicht aus bewußtem Opportunismus, sondern aus verleugneter Angst, die wir verzeihen sollten, aber ihr Ergebnis verwerfen müssen.

Dawkins hält Naturwissenschaftler für Leute, die aufgrund ihrer erworbenen und trainierten Denkweise eher objektiv entscheiden können als berufsmäßige Richter (eR 155). Wenn das stimmt – und es spricht viel dafür, weswegen sie ja auch gern als »weltfremd« verspottet werden –, dann erklärt das sehr gut, warum »man«, d.h. jener Personenkreis, z.B. die Mehrheit der Parlamentsabgeordneten, der dazu in der Lage ist, Berufsrichter und nicht Naturwissenschaftler entscheiden läßt. Denn die naïve Ansicht Dawkins', daß von jenen, die diese Regel festlegen können, objektive Entscheidungen generell gewünscht werden, ist nicht sehr wahrscheinlich. Dagegen ist sehr wahrscheinlich, daß auch Berufsrichter zumindest häufig objektiv entscheiden werden, wenn eben jenes im Sinne der Machthaber und Systemnutznießer ist, auch wenn das inzwischen nur noch für äußerst wenige Fallgegenstände zutrifft, besonders, wenn das einem Naturwissenschaftler verhältnismäßig naheliegende, von jedem auch nur minimal karrierefähigen Richter aber wie die Pest perhorreszierte Prinzip des gleichen Maßes zu den Kriterien der Objektivität addiert wird. Umgekehrt wird eine tatsächliche Verwendung von Naturwissenschaftlern zur Erstellung von Gerichtsurteilen sehr rasch eine Selektion zur anlaßspezifischen Abschaltung ihrer erlernten Objektivität bewirken, d.h. nur noch solche, die über diese neue Fähigkeit verfügen, werden an der Urteilsfällung beteiligt oder gar alleine für diese eingesetzt bzw. überhaupt erst als »Naturwissenschaftler« anerkannt bzw. angestellt werden; man kann diese Tendenz jetzt schon mindestens in politischen Prozessen sehr gut bei der Auswahl der Gutachter beobachten (z.B. bei den historischen RAF-Prozessen). Aber bei Dawkins scheint der

---

ob verwandt oder nicht, kollektiv von einem *Führer* abhängen und bei dessen unzureichender Eignung alle sterben müssen, z.B. die Elefanten vor Errichtung der Nationalpark-Zäune?

Glaube an die prinzipielle Gutartigkeit des monoimperialistischen Staatsapparates bzw. dessen dominionaler Ableger denjenigen an die Religion ersetzt zu haben, so leid mir diese Feststellung tut, da ich an seiner wissenschaftlichen Integrität nicht zweifle und Pfaffen aus meiner Diagnose Zucker kauen könnten. Aber die Wahrheit muß jeder Taktik zumindest in letzter Instanz übergeordnet bleiben.

Daß Dawkins durch seine geistige Regsamkeit und primäre Festigkeit (»Ichstärke«) dazu gedrängt wurde und wird, den Bereich seines schon selber sehr weit gefaßten, aber nun einmal eingegrenzten Faches zu überschreiten, scheint mir außer Zweifel zu stehen. Er würde die blindstellerische Nicht-Nutzung seiner Fachkenntnis zur Religionskritik sicherlich für feige bis verachtenswert halten, und er hätte völlig recht. Es ist nur tragisch, daß er bei der **Erklärung** des von ihm so treffend und erschöpfend kritisierten Phänomens aufgrund seiner besagten Scheuklappen so drastisch versagt und noch weit hinter die rohe »Priestertrugstheorie« der frühesten Aufklärer zurückfällt – wenigstens hatten diese noch eine Nase für die Verbindung von Religion und Herrschaft, welche Dawkins so blindekuhmäßig ausblendet. Sicher würde auch er gerne begreifen, was ihn sehr zu Recht anwidert, aber er darf es nun einmal nicht.

Das wirkt sich nun auch auf jenem anderen Gebiete aus, auf das er von der Biologie her einen Ausfall gemacht hat. In seinem schon teilweise zitierten Buche ›Unweaving the Rainbow‹ (= eR) geht es ihm ja in erster Linie um die Zurückweisung des alten Vorwurfs an die Naturwissenschaft, diese zerstöre durch ihre Erklärung aller Phänomene deren ästhetischen Reiz. Die Zurückweisung dieses blöden Vorwurfs gelingt ihm restlos, denn das Verstandene wird durch sein Verständnis eher noch reizvoller als zuvor, und das Verstehen weist *selber* einen ästhetischen Reiz auf (den die Psychoanalyse ihrerseits als »narzißtische Besetzung erlebter Ichfunktionen« erklären kann; ich bin oben schon darauf eingegangen); aber dann unternimmt er den unglücklichen Versuch, den ästhetischen Reiz insbesondere der Dichtung selber erklären zu wollen, und damit scheitert er aus genau denselben Gründen, aus denen er bei der Erklärung der Religion in *faden- oder kugelförmige Gebilde in menschl., tierischen u. pflanzlichen Zellen, dienen Atmung u. Stoffwechsel der Zellen

seinem späteren Werk versagen sollte (wobei im Falle des ästhetischen Reizes der Dichtung die gegen die Ökoanalyse von Marx und Engels aufgesetzte Scheuklappe keine Rolle spielt, da jene uns nur zum Verständnis der konkret historischen Erscheinung der Dichtung verhelfen kann und nicht zu derjenigen ihres subjektiven Funktionierens, wohl aber die Scheuklappe gegen Freud). Betrachten wir auch diesen Punkt etwas näher.

Dawkins wendet sich gleich zu Anfang in überaus treffender Weise gegen zwei wissenschaftsfeindliche Ideologien, die er in den angemessensten Worten von ihrem usurpierten Platz verweist: das Gesabber vom »Kulturrelativismus«, das indianische Schöpfungsmythen und die fortgeschrittenste Naturwissenschaft als eine Art »Fünfter Kolonne« des Obskurantismus (p. 41) hinsichtlich ihres Wahrheitsgehalts auf die gleiche Stufe stellen will, und die Verhohnepiepelung der Wissenschaft als »fun« und »event« – in Deutschland heißt diese Scheiße »Motivation«, damit jeder gleich verstehe, was gemeint ist –, welche sie systematisch entstellt und entwürdigt und welche Dawkins sehr richtig als »populistische Prostitution, die das Staunenswerte an der Wissenschaft besudelt« kennzeichnet (eR 45). Aber schon an diesen Stellen verläßt ihn der klare Blick für den politischen Hintergrund der beiden herrschaftsgeförderten Scheußlichkeiten: er geht bei der ersten Ideologie der Mimikry ihrer Verbreiter auf den Leim, indem er sie als »akademische *Linke*« gelten läßt, die eine »unerwartete, unheilige Allianz« mit den Religionsvertretern eingegangen sei, während sie doch in Wahrheit weder unerwartet auftritt noch eine Allianz mit den Religionsvertretern eingeht – eine Allianz setzt mindestens *zwei* Partner voraus –, sondern einfach *deren* fünfte Kolonne ist. Oder genauer: der Staatsapparat (unter Einschluß der mit ihm verfilzten und verwobenen »Medien« natürlich – wäre er eine Zelle, wären sie inzwischen seine Mitochondrien) hat für die Bewerber für *diese* Art von Entlastungsangriff (auf die Wissenschaft) zugunsten der ihm nützlichen und daher von ihm gepäppelten Religion eine ökologische bzw. ökonomische Nische geschaffen, die sich mit genau diesem Gesocks ausfüllt, wobei es weitgehend gleichgültig ist, ob dessen Motivation pro Kopf intrinsisch (also neurotisch) oder extrinsisch (also opportunistisch) gewesen ist; natürlich ist die erste etwas besser, weil wirksamer, aber in der Realität mischen sich beide Motivationen aufgrund des eintretenden »sekundären Krankheitsgewinns« in unterschiedlichem Verhältnis und treten nur selten rein auf – aber die Memselektion nimmt ihren Lauf. Und für jene Wissenschaftsprostituierten, die der Wissenschaft mit Wonne, Fleiß und System ihre Würde zu rauben und zu zertreten suchen, gilt genau das gleiche. Dawkins' Empörung ist berechtigt und authentisch, seine Analyse leider mangelhaft bis kümmerlich. Hier wirkt natürlich die antimarxistische Scheuklappe.

Ebenso verkennt er das Heuchlerische an dem Gejammer über die angebliche Zerstörung des ästhetischen Reizes der Naturphänomene durch deren Erklärung (welche er übrigens gerade im Falle des Regenbogens in diesem Buch mustergültig, ja bewundernswert leistet). Denn gerade der Regenbogen, der nicht durchschaut werden soll, ist keineswegs nur ein Naturphänomen, sondern sekundär, wie die meisten eindrucksvollen und plakativen Naturphänomene, auch ein mythologisches Einschüchterungsmittel. Sein eigenes Ruskin-Zitat (*p. 76*) hätte ihn spätestens auf die Spur führen sollen:

»Ich bezweifle sehr, daß jemand, der in Optik bewandert ist, so religiös er auch sein mag, im gleichen Maße die Freude und Andacht empfinden kann, die ein leseunkundiger Bauer beim Anblick eines Regebogens verspürt.«

Es ist sehr unwahrscheinlich, daß dieser arme Kerl, schuftend »for those lords who lay ye low« und zudem Kirchgänger, beim Anblick jenes Regenbogens ausschließlich »Freude« empfinden wird – es mischt sich mindestens auch ein »Big-Brother«-Gefühl mit hinein, denn seine Bibel und daher Noah-Geschichte kennt der ausgebeutete Bauer ja von einem jüngeren und ärmeren Verwandten seines Lords oder ähnlicher Burschen gut genug von der Kanzel. Die durch den Regenbogen demonstrierte Allgegenwart seines cholerischen Gottes und dessen eifersüchtig gehüteter, mindestens teilweise lächerlicher Gebote ist keineswegs geeignet, ein ausschließlich wohliges Gefühl auszulösen. Dagegen ist es sehr angstmindernd bis erlösend, wenn man dank der

Naturwissenschaft versteht, wie der Regenbogen zustande kommt, denn dann ist – zum Ärger des Gepfaffs – klar, daß er keineswegs der Allgegenwartsbeleg eines himmlischen Verfolgers ist, sondern, wenn man dafür Sinn entwickelt, ganz rein als ästhetisches Phänomen genossen oder auch, oft ebenso angenehm, als geistige Anregung genutzt werden kann (wie das Dawkins so vorzüglich gemacht hat). Und das gleiche gilt für alle Naturphänomene, nach welchen die Religion vom ersten genitalverstümmelnden Medizinmann an so unermüdlich gegrabscht hat, teils, um sie in ihren unreinen Händen als Drohwaffe zu mißbrauchen, teils, um eine akute Unwissenheit in hämisch-dummem Auftrumpfen auf die ewiggleiche Weise auszubeuten; denn kaum kann man irgend etwas nicht blitzgeschwind erklären, flitzt erfahrungsgemäß der alte Lückengott herbei, dieser stenöke und parasitäre Interstitienbewohner jedes Wissensgebietes (oder vielmehr Seine wieseligen weltlichen Wortlanger seit Aristophanes, der genau damit wenigstens mitschuldig am Tode des Sokrates wurde), und tönt und droht und brabbelt herum. Die Wissenschaft verdirbt natürlich diesen uralten Trick, wenn man ihn bei seiner geistigen Anspruchslosigkeit und banalen Dauernegativität überhaupt als Trick bezeichnen kann, und deshalb ist die Religion auf sie sauer von ihren, also der Naturforschung, die zum Naturbegreifen führt, ersten Erfolgen an. Sie selber, die Religion nämlich, besitzt gegenüber der so reichen Wissenschaft ausschließlich Falschgeld, das sie schamlos unter die Menge streut und dann noch die gedeckte, mit dem Falschgeld notgedrungen konkurrierende Währung schlechtzumachen sucht.

Es ist ohne weiteres möglich, daß jemand (und wahrscheinlich sogar Keats, als er Newton ob dessen Regenbogenanalyse schlechtmachte, womit Dawkins' Buch eigentlich einsetzt) ein unangenehmes, »schales« Gefühl gegenüber einem plötzlich begriffenen oder als begreifbar erkannten Naturphänomen empfindet, welches jetzt dem parasitären Lückengott aus den Klauen gerissen wurde. Es ist daher verbotenes, mit Strafe bedrohtes Wissen, und der Nachhall dieser Strafandrohung erzeugt das Unbehagen. Fehlt sie, stellt sich das (von Dawkins gut beschriebene) genaue Gegenteil ein, aber da sie nun einmal oft mitgeschleppt wird, lassen sich die Apologeten der Religion und daher Feinde der Wissenschaft die Gelegenheit zu seiner ideologischen Ausbeutung nicht entgehen – Näheres dazu in meinem Aufsatz über Samuel Beckett (HOEVELS 1996).

Aber zur Dichtung – und daher auch derjenigen von Keats – fehlt Dawkins bei aller elegant vorgeführten Belesenheit und berechtigten Achtung vor ihren Leistungen (die der »Herzöge« des Geistes) der Schlüssel, denn diesen gibt es nur bei Freud – jedenfalls, wenn man, ganz wie beim ähnlich funktionierenden Witz, ihre Wirkungsweise begreifen will. Sie besteht, kurz angedeutet, in einer geheimnisvollen Kommunikation beiderseits unbewußter Inhalte (bei Keats ist das übrigens, was meine vielen Kollegen, die sich schon mit ihm abgemüht haben, sämtlich nicht herausfanden, eine festverwurzelte *vagina-dentata*-Phantasie), bei deren unsichtbarer Vermittlung die sog. »Aufwandsersparnis« genau wie beim Witz durch die zahlreichen »Kunstmittel« die entscheidende Rolle spielt; die bloße Inhaltsmitteilung in normaler Sprache wäre wirkungslos. Ich muß Interessierte hier auf mein Sammelbändchen ›Psychoanalyse und Literaturwissenschaft‹ (HOEVELS 1996) verweisen, besonders dessen Vorwort; aber Dawkins scheint nicht einmal die Unentbehrlichkeit der *Kunstmittel* für die Kunstwirkung aufgefallen zu sein (deren auffälligstes ohne Zweifel die gebundene Rede darstellt), er klebt ganz und resultatlos am Inhalt und verliert kein Wort über diese wundersamen Mittel, ohne welche die Verdrängung doch keinen Augenblick lang durchbrochen werden kann, die spezifische Kunstwirkung also ausbleibt. Da nützt es gar nichts, wenn er nach dem guten Rat an selbigen Keats, er hätte statt seines »unehrlichen« (?) Glaubensbekenntnisses

> Beauty is Truth, Truth Beauty – that is all
> You know, and all you need to know.

zusammen mit Charles Lamb nach dem Muster eines gewissen Preisliedes auf Newton lieber die »Gläser auf die Poesie, die Mathematik und die Poesie in der Mathematik erheben sollen« (*p.* 94), mit dem etwas gewaltsam pathetischen Satz schließt: »Ein Keats und ein Newton, die einander lauschen, könnten die Galaxien singen hören« (p. 401). Denn so richtig dies ist, daß zum vollen Menschentum mit der optimalen Lust/Unlust-Bilanz im Augenblick des Todes Kunst wie Wissenschaft, gerade Naturwissenschaft, unabdingbar alle beide gehören, so richtig ist es leider auch, daß Dawkins den Wirkmechanismus dieser Kunst einfach nicht verstanden hat. (Übrigens schadet dieses Verständnis dem vollen Genuß der Kunst ebensowenig wie das Verständnis der Natur dem ästhetisch-intellektuellen Genuß derselben, auch sogar, wenn dieser diachron abläuft; er verdoppelt sich dann eher.)

. — .

Betrachten wir diese beiden – von der Biologie aus betrachtet – »grenzüberscheitenden« Bücher Dawkins' im Rückblick, dann verdunkeln ihre Mängel ihre Vorzüge. Das ist schade, aber nicht zu leugnen; schuld sind die genannten beiden Scheuklappen. Zwar sind Öko- wie Psychoanalyse für das Individuum bestenfalls nutzlos, der Erfahrung nach sogar meistens schädlich, wenn sie nicht auf dem Fundament der Biologie und der Naturwissenschaft allgemein aufbauen, was umgekehrt nicht gilt; Marx, Engels und Freud hätten das übrigens kaum bestritten. Aber bei Grenzüberschreitung in Richtung auf gesellschaftliche Phänomene wie Dichtung und Religion rächt sich die Ignorierung dieser späteren Geisteserrungenschaften eben doch. Und so können wir abschließend versuchen, Dawkins an einem geistesverwandten Größeren zu messen, der vielleicht nur deshalb größer war, weil seine historische Situation diese freiwillige Unwissenheit noch nicht so streng rächte, nämlich Ernst Haeckel.

Mindestens auf dem europäischen Kontinent war Haeckel der bedeutendste und auf jeden Fall mutigste Zoologe seiner Zeit; er zeichnete als erster phylogenetische Stammbäume und erkannte, auf jeden Fall benannte als erster die Bedeutung der Embryologie für die Rekonstruktion der Stammesgeschichte, so wenig er damals mangels menschheitlicher Kenntnis der DNA-Funktion den Grund dafür kennen konnte. Seine sonstigen, ausgedehnten Leistungen zu würdigen ist hier nicht der Ort. Seine ›God Delusion‹ waren seine ›Welträtsel‹; sie trafen den elenden Lückengott sozusagen mitten in die Eier, und deshalb sowie wegen seiner sonstigen unerschrockenen Aufgeklärtheit und seinem kompromißlosen Humanismus haßt ihn die Kirche bis heute unverdrossen und unvermindert und läßt den mit ihr verbandelten Staat kübelweise Dreck über ihn gießen; Dawkins könnte es in hundert Jahren ähnlich ergehen, wenn nicht früher, ein waschechter Inquisitor, der Berufsverleumder Hemminger, der fleißige Sektenhetzer auf den Spuren des hl. Petrus von Verona, hat im ›Spektrum der Wissenschaft‹ (6/1994, *p.* 72–80) schon lange damit angefangen, und er ist nicht der einzige geblieben (siehe dazu auch DAHL 2008). Genau wie Dawkins übertrug auch Haeckel den »Entwicklungsgedanken«, wie er ihn nannte, auf eine Reihe von Gebieten, die mit der Biologie nichts zu tun hatten, so die Entstehung von Sprachen und Völkern; genau wie Dawkins blieb er blind und ignorant gegenüber den Einsichten von Marx und Engels.

Aber er repräsentierte eine bürgerliche Tradition, zweifellos gegen die Arbeiterbewegung, aber noch längst nicht zur Gänze ihres antifeudalen Kerns beraubt; die »Kulturrelativisten« als Kirchen-U-Boote zu diagnostizieren und mitnichten als ominöse »Linke« hätte er nicht die geringsten Schwierigkeiten gehabt. Auch seine treffende Überlegung, daß die katholische Kirche aufgrund ihrer im Rahmen der Religionen optimalen Organisation als Hauptfeind aller aufgeklärten Menschen zu betrachten, der Rest bis zu ihrer Brechung im Kampf zurückzustellen sei, zeigt eine politische Reife, die seinem modernen Nachfolger Dawkins abgeht. Und gegen Freud konnte Haeckel kaum blind sein, weil dieser erst nach seiner Hauptaktivitätsphase bekannt zu werden begann. Aus dem gleichen Grunde stört es auch kaum, daß Freuds Werk Lenin weitgehend verschlossen blieb (was dieser sehr bedauerte und auf seinem Sterbebett mit seinen allerletzten Kräften zu korrigieren suchte); Dawkins hat diese Entschuldigung nicht, und von einem Korrekturversuch merkt man auch nichts. Bei allen seinen unzweifelhaften Verdiensten – und wer stirbt, ohne seine Bücher über das egoistische Gen, den blinden Uhrmacher und den Gipfel des Unwahrscheinlichen gelesen und verstanden zu haben, hat wirklich etwas versäumt und verfehlt – ist sein trauriges Schicksal, Epigone zu sein. In der Stickluft des zum Monopolismus mutierten ehemaligen Kapitalismus, der von Tag zu Tag einem technisierten wahrhaft totalitären Mittelalter byzantinischer Prägung näherrückt, ist außerhalb des marginalsten Untergrundes kein Platz mehr für den Hauch ernsthaft, das heißt allseitig freien Geistes, dessen Basis bis zu ihrer Vernichtung die Arbeiterbewegung abgab.

So wenig das Dawkins' Schuld ist, so wenig ist es ihm bewußt (so wenig wie Freud selbst übrigens, der dennoch ohne die Arbeiterbewegung schwerlich existenzfähig gewesen wäre, sobald er seine verhaßten Einsichten zu publizieren begonnen hatte; denn ohne deren Druck hätte die herrschende, zum Monopolismus strebende und daher zahlenmäßig reduzierte bürgerliche Klasse ihre antifeudale Substanz noch weitaus schneller abgebaut und ihn ohne marktbedingten Resonanzboden selbst ohne offene Verfolgung einfach verhungern oder in Obskurität verkommen lassen). Sogar Dawkins profitiert nur – zu seinem und unserem Glück – vom rechtzeitigen und umfassenden Sieg der Reformation in seinem lange Zeit so reichen Land (wie dieser Reichtum verteilt wurde, ist eine andere Frage) sowie natürlich auch dem Fehlen jeder Spur von demokratisch sinnvollen Wahlen, welche dem Staatsapparat die Möglichkeit zur Duldung größerer, weil für jede legislative Folge irrelevanter Narrenfreiheiten im Sinne eines erweiterten Hyde Parks gibt; in Deutschland oder Frankreich, wahrscheinlich auch dem restlichen Kontinent wäre ein zweiter Dawkins nicht existenzfähig, wie ein Blick auf die Biologieprofessoren der dortigen Universitäten zeigt: der schrumpfende ehrenwerte Teil besteht aus schlotternden Quietisten, der Rest aus intriganten und zielstrebigen proklerikalen Maulaufreißern, die ihren Studenten die gröbste ideologische Scheiße erzählen (*cf.* eines für alle: HOEVELS 2006b) und einen deutschen oder französischen Dawkins, wenn er durch ein Wunder dennoch hätte entstehen können, sofort beim nächsten »Sektenbeauftragten« denunzieren würden. Insofern ist Dawkins, dessen persönlicher Mut unbedingt zu würdigen ist, nicht nur ein Epigone, sondern beinahe auch schon ein Fossil. Denn das Neue Mittelalter kommt mit Riesenschritten und deckt als neues, mutmaßlich überall und daher auch in England sehr dick werdendes Sediment alle früheren Schichten besserer und freierer Zeiten zu. Im Apparat werden Vernunft oder Humanität jedenfalls nicht mehr lebensfähig sein, auch nicht spurenweise; sie können es vielleicht und allerhöchstens außerhalb, bis sie ihn in ferner und unvorhersagbarer Zeit vielleicht wieder zersetzen oder, noch besser, vernichten können. Bis dahin bleiben Dawkins' Werke kostbare Fossilien einer absterbenden Entwicklungslinie, die, als sie noch lebten, freilich schon in einer viel kleineren ökologischen Nische siedeln mußten als ihre Vorfahren.

. — .

Auf das Gebiet der Ökoanalyse und der Psychoanalyse kann mir Dawkins nicht folgen, und deshalb ist es vielleicht unfair, wenn ich mich nur auf die durch jene beiden Disziplinen ermöglichte Kritik an ihm beschränke, der er ja nichts entgegensetzen kann. Ich will daher im Nachspann eine eigene biologische Theorie vorführen, die sich von der seinigen etwas zu unterscheiden scheint und die er, wenn sie fehlerhaft ist, mit seinen den meinigen wahrscheinlich überlegenen biologischen Kenntnissen mühelos zerfetzen kann. Es geht um Sexualität und Evolutionsgeschwindigkeit.

»Die geschlechtliche Fortpflanzung stellt den Darwinismus vor ein großes theoretisches Rätsel« (bU 316; siehe dazu ausführlicher eG 49–52, wo Dawkins aus in der Tat bestehendem Mangel an Nachweisen eines Vorteils der sexuellen Fortpflanzung für den Organismus – den »Körper« also – spaßeshalber eine ganz abenteuerliche Noterklärung ihrer Existenz vorschlägt), stellt Dawkins in Abwehr des populären Irrtums fest, die Sexualität sorge für eine günstige Kombination der Gene **aus dem schon bestehenden Genpool**. (Diesen Irrtum hat schon Eugen Dühring Darwin unterstellt, und Engels hat ihn sehr zielsicher korrigiert und dem berechtigten Gespött preisgegeben [MEW XX 68].) Das tut sie keineswegs; die meisten dieser zufälligen Kombinationen sind bei weitem nicht die an sich besten möglichen (»besten« hier im üblichen

[Marginalia oben:] 1 Panmixie (= Allmischung) a) Mischung guter u. schlechter Erbanlagen
b) Zustandekommen rein zufallsbedingter Paarungen

Sinne einer Maximierung der Überlebens- bzw. Fortpflanzungswahrscheinlichkeit verwendet), denn von diesen gibt es unter den nahezu unendlich vielen Möglichkeiten, die ein bestehender Genpool bietet, nur ganz wenige, und es würde sich »empfehlen«, diese herzustellen und dann zu klonen – ein Weg, den die Natur wahrscheinlich nie gegangen ist, denn es ist äußerst unwahrscheinlich, daß jene Individuen, die an den unterschiedlichsten Stellen des universalen Organismenstammbaumes aus der Sexualität wieder ausstiegen, gerade jene mit der zu jenem Zeitpunkt in ihrer Umwelt mit der durchgängig überlebens- bzw. reproduktionsoptimalen[1] Genkombination ihrer ganzen panmiktischen Einheit ausgestatteten waren.

Eben deshalb erhebt sich immer wieder bei biologischen Laien das falsche Argument, da ja keine Genkombination *an sich* die – im hier gegebenen Sinne – »beste« sein könne, sondern immer nur *im Bezug* auf ihre Umwelt, und da diese sich ja dauernd ändert, sei die Sexualität das beste Gegenmittel gegen die Festlegung auf eine »veraltende« Genkombination (ein »veraltendes« Genom also) und eben zu diesem Zweck entstanden. Allein, auch Dawkins macht sehr treffend darauf aufmerksam, daß hier eine Täuschung vorliegt: beim Klonieren (wie das z.B. die meisten Löwenzahnarten und etliche Hochgebirgseidechsen »gewohnheitsmäßig« tun, um nur auf zwei von Tausenden unterschiedlichster Taxa anzuspielen) können genau die gleichen Kopierfehler (= Mutationen) bei der primären Zellteilung entstehen wie bei jeder anderen auch, auch wenn Stadien der Haploïdie[2] und der Diploïdie[3] dazwischenfunken, und es ist nicht einzusehen, warum die Resultate, die mit und ohne Sexualität dem haargenau gleichen Selektionsprozeß unterliegen, nicht ebenso »zweckmäßige Anpassungen« im Laufe der ungeschlechtlichen Generationen hervorrufen sollen wie der geschlechtlichen.

Auf dieser richtigen Überlegung vor allem beruht die Konstruktion von »Mullers Rätsche«, welcher Dawkins – mit, wie ich zeigen werde, höchst berechtigter Skepsis – als einziger Überlegung eine Chance einräumt, die Entstehung und Stabilisierung der Sexualität als »ESS« dennoch erklären zu können (oder, mit anderen Worten, ihren evolutionären Vorteil

[Fußnote am Seitenende:] [50] zwischen Angehörigen der gleichen Art, ohne daß Selektionsfaktoren oder bestimmte Isolationsfaktoren wirksam werden.

[Marginalien links:]
[1] Chromosomensätze aufweisend
[2] haploïd: nur einen einfachen
[3] diploïd: einen doppelten

ermittelt zu haben). Mullers Gedanke besteht im wesentlichen darin, diesen hier dargelegten Fehler richtig erkannt zu haben und dann aber negativ gerade zu wiederholen. Er behauptet nämlich, klonende statt sexuelle Taxa seien diesen gegenüber dadurch im Nachteil, daß sie keinen Weg hätten, erworbene »schlechte« Mutationen wieder loszuwerden und dabei, wie bei der sexuellen Fortpflanzung sehr einfach, die »guten« zu behalten. Deshalb prophezeit er all den vielen Aussteigern aus der Sexualität, welche es unter den Gewebeorganismen gibt – nur diese stehen vorläufig zur Debatte –, früher oder später den Untergang.

Nun existieren einige dieser Linien schon unverschämt lange (z.B. die Bdelloïdea, d.h. gewisse Rädertiere), ohne sich auf die vorhergesagte Weise zugrundezurichten, und zweitens tritt **jede** Mutation mit einer gewissen Wahrscheinlichkeit auf (deren Größenordnung wir von allerhand Erbkrankheiten schon kennen). Das bedeutet aber: wenn die aufeinanderfolgenden Klone, also dessen Nachkommen, eines klonierenden Individuums mit einer **vorteilhaften** Zufallsmutation, wobei das Individuum aber schon eine nachteilige enthielt, nicht **alle** Nachkommen eines gemeinsamen Primärklons, mit dem der Ausstieg aus der Sexualität begonnen hatte, überwuchert bzw. verdrängt haben, dann wird sich die gleiche vorteilhafte Mutation früher oder später auch bei einem der konkurrierenden Klone einstellen, das die nachteilige noch nicht trug; dessen Nachkommen aber werden bald diejenigen aller anderen Klone überwuchern, sowohl derjenigen, welche die vorteilhafte Mutation nicht aufweisen, wie auch derjenigen, welche sie mit der nachteiligen kombinieren. Dadurch fliegt die nachteilige trotz fehlender Sexualität aus der Klongemeinschaft wieder heraus, ganz wie bei asexuellen Einzellern auch, und der einzige evolutionäre Vorzug, den Dawkins der Sexualität mit Skepsis einzuräumen bereit ist, existiert nicht. So wären wir bei unserem Thema wieder auf seinen agnostischen Ausgangspunkt zurückverwiesen.

Bedenkt man nun, welche enormen Kosten die Sexualität für ihre Träger verursacht (denken wir nur z.B. an die Anfälligkeit gegen Freßfeinde bei Partnersuche und Paarung oder die Übertragung von Parasiten während derselben), so ist

¹ stammesgeschichtliche Ausstaltung, d.h. aufgrund von Fossilfunden festgestellte Entwicklungsexplosion, die während eines kurzen geolog. Zeitabschnittes aus einer

sehr unwahrscheinlich, daß sie gar keinen langfristigen Selektionsvorteil aufweisen soll, auch wenn Mullers Konstruktion meines Erachtens einen Denkfehler aufweist. So weit bin ich mit Dawkins sicherlich einig; ich denke aber, ich habe den versteckten Vorteil gefunden.

Bei gleicher Struktur des zu verdoppelnden Genoms ist die Wahrscheinlichkeit des gleichen Kopierfehlers gleich hoch, unabhängig von seiner sexuellen oder klonierenden »Weiterbehandlung« zum vielzelligen Individuum. In beiden Fällen wird dessen Fortpflanzungswahrscheinlichkeit durch diesen Fehler (= diese »Mutation«) verringert (meistens), erhöht (sehr selten) oder nicht oder kaum verändert (wahrscheinlich nicht selten). Würde die Evolution ausschließlich von der Durchsetzung dieses *einen* Gens bestimmt (und natürlich von Zehntausenden seiner Nachfolger), dann wäre es in der Tat gleichgültig, ob die Fortpflanzung sexuell oder klonierend erfolgte. Aber häufig verändert ein einzelner Kopierfehler die Fortpflanzungswahrscheinlichkeit seiner Träger nicht oder nur unwesentlich, ebenso ein anderer Kopierfehler, aber **beide zusammen** können für seine Träger signifikant vorteilhaft sein. (Das könnte natürlich auch für die Kombination von drei statt zwei Mutationen gelten, aber wir bleiben beim einfacheren Fall.) Ist die Wahrscheinlichkeit, daß die erste Mutation (A) auftritt, 1:100 000, die der zweiten »benötigten« (B) dagegen sogar so wahrscheinlich wie 1:10 000, dann wären bei klonaler Fortpflanzung, sobald (A) vorliegt, zehntausend Generationen nötig, bis beide Mutationen zusammentreffen; das ist sehr unwahrscheinlich, wenn man bedenkt, daß bei gleichbleibender Umwelt die Zahl der »Planstellen« für die Angehörigen einer Art gleich bleibt, d.h. ein Individuum im Durchschnitt auch nur *einen* bis zur Fortpflanzung gelangenden Nachkommen hat, egal, ob diese Fortpflanzung sexuell erfolgte oder nicht. (Wir werden später meine Vermutung kennenlernen, daß hier und nirgendwo sonst der Schlüssel zum Verständnis des Phänomens der
¹ »Radiation« liegen dürfte.) Aber *eine* Sache scheint anders, je nachdem, ob die Fortpflanzung sexuell erfolgt oder nicht: ist sie klonierend, dann ist mit der benötigten zweiten Mutation in der richtigen Stammlinie kaum vor deren Aussterben

Stammform zahlreiche neue Formen entstehen läßt.

zu rechnen; ist sie aber sexuell, dann tritt sie wahrscheinlich schon in derselben Generation auf, sogar mehrfach, wenn diese ein Vielfaches von 10 000 Individuen der Art umfaßt.

Diesen Mechanismus als Grundlage einer höheren Wahrscheinlichkeit des Zusammentreffens der »füreinander benötigten Gene« anzusehen, hält Muller für einen Trugschluß, und ich weiß nicht, ob er Dawkins davon hat überzeugen können. Er argumentiert nämlich damit, daß die Wahrscheinlichkeit eines sexuellen Zusammentreffens der »richtigen« Individuen in der Gesamtpopulation auch nicht größer ist (nämlich in unserem Falle 1:10 000, sobald Mutation A in einem Individuum schon vorliegt), als daß sie die benötigte Zahl von Generationen in einer klonalen Linie durchhält (welche außerdem faktisch genausogut geringer wie höher sein kann, genauso, wie jemand, der z.B. dreimal hintereinander in der Spielbank auf 17 setzt, damit gewinnen kann – und nicht erst beim 37. Mal – und ebenso auch nicht, selbst wenn er es 1369mal oder noch öfter hintereinander getan hat; wäre es anders, könnten klonierende Arten meiner Vermutung nach nur deutlich weniger adaptive Fortschritte durch Evolution hervorbringen, als sie es tatsächlich tun, doch das muß vorläufig Spekulation bleiben). Er verspottet sogar die Vertreter der entgegengesetzten Ansicht als Anhänger eines »weitverbreiteten Irrtums«.

Aber er irrt sich selbst, denn die Wahrscheinlichkeit des Zusammentreffens der Mutationen A und B hängt nicht *ausschließlich* von den Verhältnissen entweder in einer einzigen Generation oder dem Durchhalten der benötigten Generationenzahl im anderen Falle ab. (Wäre dies der Fall, hätte Muller wenigstens mit seinem »unerbittlichen« negativen Argument recht, daß Sexualität keinen Vorteil brächte, nur einen Nachteil vermeide.) Denn bei sexueller Fortpflanzung – und hier beginnt der effektive Unterschied zur klonalen – ist die Wahrscheinlichkeit »1:10 000« selber Veränderungen unterworfen, nämlich in den nächsten Generationen, wenn eine der beiden alleine neutralen, kombiniert aber vorteilhaften Mutationen einem gendrift-analogen Effekt unterworfen wird. (Hier steckt übrigens meines Erachtens der kleine Wahrheitsgehalt der ansonsten irreführenden Theorie Mayrs von dem

»evolutionären Fortschritt durch Inselpopulationen«, gar der *verdrängenden* – nämlich die Ausgangsart verdrängenden – Artbildung durch diese.) Geschieht dies in kleinen, mäßig abgeschlossenen Populationen, dann wird die Wahrscheinlichkeit, daß zwei Träger der »benötigten« Gene sich paaren, deutlich höher als 1:10 000, und nicht nur wegen der unterschiedlichen Populationsgrößen, welche die Gendrift unterschiedlich wahrscheinlich machen (bei kleinen wird sie größer), existiert dazu auf klonierender Seite keine vollwertige Parallele. (Denn bei sexueller Fortpflanzung fällt diese Drift markanter aus.) Und von Generation zu Generation nimmt dann die Chance zu, daß Mutation A und Mutation B zusammen in einer *kleinen* Population vorkommen; dazu gibt es bei klonaler Fortpflanzung keine Parallele. (Die Bakterien und andere einzellige Organismen kompensieren diesen Nachteil offenbar weitgehend durch ihre große Individuen- und Generationenzahl; trotzdem wurden sie – mit ihrem »crossing over« – die »Erfinder« der Sexualität, was uns einen fundamentalen Vorteil derselben vermuten läßt.)[6]

Wenn in dieser meiner Überlegung kein Fehler steckt, ist die Frage nach dem Vorteil der Sexualität, welcher diese zu einer ESS werden ließ, beantwortet: sie steigert die »Nutzungs«möglichkeit einer vorteilhaften Kombination zweier (oder mehrerer) alleine nicht vorteilhafter Gene und damit die Evolutionsgeschwindigkeit adaptiver Vorteile. Zweifellos können die hohen Kosten dieses Mechanismusses unter bestimmten ökologischen Voraussetzungen unwirtschaftlich werden, so daß es immer wieder, gerade zwischen nahe ver-

---

[6] Übrigens hält die Sexualität auch *fakultativ* leicht dysfunktionale Mutationen länger im artlichen Genpool als bloßes Klonen; denn sie können ja auch *oszillierend* funktional sein (d.h. zusammen mit Genen an einem *anderen* Locus leicht vorteilhaft wirksam, mit deren ebenfalls im Pool auftretenden Allelen leicht nachteilig usw., und dabei können *gleichzeitig* eine ganze Menge von *loci*, d.h. im Resultat sonstigen Eigenschaften des Organismus, in Frage kommen – ich erinnere an Dawkins' guten Vergleich mit der »Rudermannschaft«). Auch dadurch wird, auf dem Hintergrund meiner Primärüberlegung der beiden (oder mehr) nur kombiniert vorteilhaften Mutationen, ein evolutionärer Vorteil der Sexualität gegenüber dem Klonieren deutlich.

Stockung, Stauung

wandten, aber ökologisch verschiedenen Arten (so z.B. in der Sonnentau-Verwandtschaft) zum Ausstieg aus der Sexualität kommt; mindestens genauso häufig, nämlich dann, wenn mäßig stabile Lebensräume rasch zuzusiedeln sind, kommt es zu dem »Kompromiß« eines Wechsels geschlechtlicher mit ungeschlechtlichen Generationen wie z.B. bei Blattläusen. Immerhin zeigt die »Mühe«, die sie sich mit der Einschaltung sexueller Generationen »geben«, wieviel Nutzen dennoch aus der Sexualität zu ziehen zu sein scheint, nämlich eben jene Erhöhung der Evolutionsgeschwindigkeit, welche gerade in der **interspezifischen** Konkurrenz die entscheidende Rolle spielt, allerdings nur zwischen ökologisch ähnlichen Arten oder in Jäger-Beute-Verhältnissen.

Nun ist die Evolutionsgeschwindigkeit je nach ökologischer Nische von sehr unterschiedlicher Bedeutung und deshalb zwischen den Organismengruppen auch sehr verschieden. Seit dem frühen Pleistozän sind, nach Ausweis nur der Fossilien freilich, die europäischen Amphibien unverändert geblieben (einzig eine Art ist seither ausgestorben), was den proreligiösen Gould gewiß eine »Stase« hätte diagnostizieren lassen; in der gleichen Zeit haben die Säugetiere eine auffällige Entwicklung mit erstaunlicher Geschwindigkeit hinter sich gebracht, deren folgenreichstes und wohl auch bemerkenswertestes Resultat wir selber sind (zugegeben, der allergrößte Teil *dieser* speziellen Entwicklung spielte nicht in Europa; aber auf dem Felde der Amphibien gibt es keine Parallele dazu, keine einzige afrikanische *invader species*, die einen großen Teil des Restes dauerhaft aus ihren ökologischen Nischen schleudert – erst der vom Menschen verpflanzte nordamerikanische Ochsenfrosch droht aus Gründen, die wir noch kennenlernen werden, diese Rolle zu übernehmen). Sind die *newcomer* »Säugetiere« einfach »dynamischer« und »moderner« als die »altmodischen, konservativen« Lurche? Mitnichten! Der Grund für den »Konservatismus«, die »evolutionäre Stase«, in Gottes Namen!, der europäischen Lurche liegt in der **relativen Stabilität** ihrer Lebensräume zusammen mit ihrer dort etablierten Lebensweise, von welcher aus man die Steilwand des Unwahrscheinlichkeitsgebirges nicht hinauf springen kann; mit anderen Worten, die optimale nicht zusammenfallend; ins Unendliche verlaufend ohne sich einander zu nähern (mathem. Kurven z. B.)

Nutzung der von Lurchart zu Lurchart etwas variierenden Lebensräume war bei gegebenem körperlichen Grundbauplan schon erreicht, sehr ähnlich wie für die für einen längeren Zeitraum als die ganze Erdneuzeit ziemlich unverändert im Schatten der Saurier fortbestehenden frühen Säugetiere. (Eine optimale Nutzung der jeweiligen Umwelt auf der Basis des gegebenen Grundbauplans ist gewöhnlich diejenige, welche die günstigste Bilanz zwischen aufgewendeter und benötigter Energie herstellt; ein Individuum, das mit weniger Energieeinsatz das gleiche Resultat erreichen kann wie seine durchschnittlichen Artgenossen, wird diese mit seinen Nachkommen überwuchern, genauso wie eine Firma, die eine Sache in gleicher Qualität billiger als ihre Konkurrenten herstellen kann, den Markt.) Umgekehrt hatten die Säugetiere ihre Nutzungsgrade der Umwelt noch lange nicht in diesem Sinne optimiert – ihr Bauplan, besonders ihre Warmblütigkeit, verlangte auch viel aufwendigere Nutzungen –, und außerdem änderte sich diese schon durch Koevolutionen recht drastisch, während sich diejenige der Amphibien im hier gegebenen Zeitraum nur entlang der Breitengrade unruhig *verschob*, ohne daß sich die allmählich asymptotisch optimal genutzten Lebensräume *selber* nennenswert geändert hätten. (Bei einigen Kleinkrebsarten können wir – in einem sehr ähnlichen Lebensraum – dasselbe Phänomen noch viel drastischer beobachten, und es gilt ähnlich sogar für etliche Insektenarten, die wir aus dem Bernstein kennen.) Die Gegenprobe fehlt auch nicht: im tropischen Regenwald, dessen Lebensraum durch Koevolution sich unter Naturbedingungen stürmisch ändert, muß in dem gleichen Zeitraum auch die Amphibienevolution eher stürmisch verlaufen sein, jedenfalls diejenige ihrer bedeutendsten Ordnung, welche alleine so viele Arten umfaßt wie alle Säugetierordnungen zusammengenommen und global gesehen also überhaupt nichts »evolutionär Träges« oder »Konservatives« aufweist. **Es gibt keine evolutionär »trägen« oder »munteren« Organismengruppen**; das wäre Metaphysik im Sinne des platonisch-aristotelischen Idealismus (vgl. dazu ganz vorzüglich eR 266). Grundsätzlich ist Evolutionsgeschwindigkeit ein evolutionärer *Vorteil* in der Konkurrenz der Taxa um die Nutzung der

Taxon (singul.), Taxa: künstlich abgegrenzte Gruppe von Lebewesen (z. B. Stamm, Art) als Einheit innerhalb der biologischen Systematik gegebenen und nicht erweiterbaren Ressourcen, nämlich einer Evolution auf deren optimierte Nutzung hin; sie nimmt nur asymptotisch ab, wenn diese Nutzung schon auf der gegebenen Bauplangrundlage asymptotisch optimiert ist und die ökologische Nische stabil bleibt. Das war für die pleistozänen Lurche Europas ebenso gegeben wie für die Säugetiere im Schatten der Saurier; würden heute dagegen auf einmal alle Reptilien, Vögel und Säugetiere unter Einschluß ihrer schädlichsten Art, der wir selber angehören, aussterben, so wie nach dem Meteoritenknall die Saurier, welche über den frühen Spitzmäusen herumliefen, dann würden früher oder später die Amphibien genau in jene ökologischen Nischen eindringen, welche ihnen jetzt sämtlich versperrt, da von extrem überlegenen Konkurrenten besetzt sind. Ebenso würden nach einem hypothetischen Aussterben aller Landwirbeltiere die Schlammspringer deren alte Evolution wiederholen, freilich in »freier« Fassung, da sie wahrscheinlich keine Hinterbeine hervorbrächten, sondern eher eine Art Parallele zur Furca der Collembolen. Ihre Evolutionsgeschwindigkeit würde auf einmal sprunghaft ansteigen, denn sexuell fortpflanzen tun sie sich ja schon, nur die Konkurrenz, welche sie hoffnungslos außerhalb ihres relativ engen Lebensraums überholt hat, bannt sie an ihre mittlerweile ökonomischer als von jeder Konkurrenz genutzten begrenzten Plätze.

Wir kommen damit zum Phänomen der »Radiation«, in welchem die sexuelle Fortpflanzung sozusagen ihre Trümpfe ausspielt. (Mir ist kein Fall auffälliger Radiation asexueller Gewebetiere bekannt, aber das mag an meiner Beschränktheit liegen; eine Differenzierung von Parasiten gehört nicht hierher, da sie, so weit ich weiß, niemals in kurzer Zeit »auffällig«, d.h. unter rascher Zunahme adaptiver Effizienz oder gar Komplexität[7] vor sich gegangen ist.) Der Grund dafür liegt darin, daß mit dem plötzlichen Freiwerden großer neuer

---

[7] Adaptiv effizient ist z.B. die Veränderung der Farbe, wenn eine anders als bisher gefärbte Umwelt besiedelt wird; adaptiv effizient **und** adaptiv komplex ist z.B. die Fähigkeit, diese zuvor konstante Farbe je nach Untergrund wechseln zu können (und natürlich auch jedes brauchbare neue Organ).

¹ siehe S. 56/1

Lebensräume der Selektionsdruck vorübergehend gering wird – es ist der **einzige** Fall, wo dies geschieht – und deshalb die Generationenzahl zunimmt, in denen nachteilige Gene fortbestehen können, also auch solche, die bei Kombination mit einem durch Mutation hinzugekommenen *neuen* Gen **vorteilhaft** werden, auf das sie folglich jetzt länger »warten« können. Das ist der Hauptgrund für die rasche Erschließung neuer Nischen, deren durch adaptive Fortschritte gegenüber den nächsten Verwandten bessere Nutzung und schließlich, wenn sich die Paarung mit dem neuen Lebensraum verbindet, z.B. nur in der Nähe der neuen Futterpflanze oder zur Zeit von deren Fruchtreife eintritt, reproduktive Isolation, folglich Speziation und darauf folgend neue, spezialisierte Adaptationsfortschritte. Nichts anderes ist das Geheimnis der Radiation, der Gould'schen kryptoreligiösen Phantasie von der »Makromutation«, deren von der Sexualität erleichterte Realität ich gerade beschrieben habe, und dementsprechend auch der gar nicht mehr mysteriösen oder antidarwinistischen »Stase«, in der sich nur eine historisch anfällige Asymptote bzw. deren ansteigender Ast verbirgt.

Hier sind für den biologisch nicht besonders vorgebildeten Leser vielleicht ein paar Erläuterungen angebracht. Sehr häufig findet man in Büchern sogar aus der Feder staatlich anerkannter Biologen solchen Unsinn wie »starker Selektionsdruck« habe irgend etwas bewirkt. In Wirklichkeit ist der Selektionsdruck – außer in dem einen, schon beschriebenen Fall, wo er sehr drastisch *abnimmt* – immer gleich hoch, also 100 %. Wir setzen ihn dann bei 100 % an, wenn *ein* Individuum im Durchschnitt *einen* sich fortpflanzenden Nachkommen hinterläßt; das ist langfristig *immer* der Normalfall, ganz egal, wie hoch oder fehlend der Feinddruck ist oder wie hoch die durchschnittliche Gelegegröße oder sonstige Nachkommenzahl. Werden die so definierten 100 % überschritten, dann stirbt die Art aus (weil pro Individuum in der Folgegeneration weniger als eines übrig bleibt, und den Rest besorgt die Zinsrechnung); das ist z.B. der Fall, wenn sich, besonders durch *invader species*, der Feinddruck oder die Nahrungskonkurrenz unkompensierbar erhöht. Es gibt keine anderen Gründe für das Aussterben irgendeiner Art als diesen einen; die plötzliche Totalvernichtung durch eine Katastrophe ist nur deren extremer Sonderfall. (Aus dem menschlich-gesellschaftlichen Bereich wäre die Parallele das Verschwinden jedes individuellen Vermögens, wenn dieses im Erbfall höher besteuert wird, als es bei Entnahme des zum Leben unentbehrlichsten Äquivalents, ohne welche es seinem Besitzer nicht mehr nützen kann, als wenn er es *nicht* besäße, im Durchschnitt der Zeit zwischen zwei Erbfällen wachsen kann, wie das gegenwärtig bei allen mittleren Vermögen der Fall ist.) Was die Evolution tatsächlich beschleunigt, ist die plötzliche *Verringerung* des Selektionsdrucks, wie sie sich durch Erreichen neuer Lebensräume oder, was auf dasselbe hinausläuft, das zauberschlagartige Verschwinden übermächtiger Nutzungsblockierer bisweilen herstellt und deren Ergebnis wir als »Radiation« kennengelernt haben. Ebenso kann eine *Verlagerung* des Selektionsdrucks bei Arten, die zuvor in langer Fast-Stase gelebt haben, die Entwicklung ganz neuer, manchmal sogar komplexerer Adaptationen bewirken; das läßt sich z.B. als Folge der vor *ca.* 3 Millionen Jahren einsetzenden Austrocknung Australiens an einigen dortigen Arten fast sensationell gut beobachten (sehr viele starben allerdings stattdessen aus). War aber vorher, als sie sozusagen noch »in Frieden« lebten, der Selektionsdruck auf ihnen etwas geringer gewesen, wie uns das Leute, die den Evolutionsmechanismus nicht verstanden haben, in ihren Büchern so gerne suggerieren (etwa so, als hätten z.B. Komodowarane, Latimerien oder Seychellen-Riesenschildkröten eine Art evolutionärer Stillwasserzone gefunden, wären gewissermaßen Evolutionsrentner geworden)?

Wenn das so wäre, dann hätten sie pro Individuum *mehr* als einen zur Fortpflanzung gelangenden Nachkommen haben müssen und ihr Australien in der Folge gerade so ruinös überschwemmen müssen, wie das später die Kaninchen tatsächlich taten (oder wir selber mit dem ganzen Globus). Da das erkennbar nicht der Fall war, muß der Selektionsdruck trotz höchst unterschiedlicher Evolutionsgeschwindigkeit vor und nach der Austrocknung Australiens bei den überlebenden Arten bzw. Linien genau 100 % betragen haben, die Nachkommenzahl im je geeigneten Lebensraum also gleich der Vorfahrenzahl, der Selektionsdruck also auch gleich. Er war nur quantitativ unterschiedlich aus seinen Komponenten zusammengesetzt.

Und hier kommen wir zu einer recht dramatischen Konsequenz aus meiner Überlegung zum Nachweis der Fehler in »Mullers Rätsche« bzw. dem »Vorteil« der Sexualität für die Evolutionsgeschwindigkeit. Wenn meine Überlegung nämlich stimmt, dann erklärt sie ganz zwanglos, warum von ökologisch ähnlichen Arten, die nach langer Separatevolution in geographischer Trennung plötzlich aufeinanderstoßen, immer diejenigen überleben und die anderen zum Aussterben bringen, welche den *größeren* vergleichbaren Lebensraum besiedelt hatten. Wir können dies z. B. jedesmal beobachten, wenn ein Absinken des Meeresspiegels eine Landbrücke zwischen den Kontinenten Nordamerika und Südamerika herstellte; die »Liptoternen«, welche mit den Pferden genealogisch nichts zu tun hatten, aber ihre ökologische Stelle einnahmen, wurden deren Opfer, und ebenso noch, analog, so viele andere Pampatiere; für Regenwaldarten galt das keineswegs. Stoßen Inselarten auf eingeschleppte Kontinentalkonkurrenten, so ist ihr Schicksal meistens besiegelt, oft sogar sehr rasch; das ist nur die Extremform des gerade in Erinnerung gerufenen Vorgangs. Dieser läßt sich auf der Basis des Gesagten leicht verstehen, auf einer anderen eigentlich nicht.

Man kann manchmal lesen, Inseltiere, die z. B. keinen oder nur mäßig effizienten Feinden ausgesetzt sind, lebten sozusagen im Paradies, stünden »unter geringerem Selektionsdruck« als ihre Festlandsverwandten. Ersteres ist in gewisser Weise richtig, da wir als Menschen sichere Nahrungsversorgung, wenig Feinde und viel Sexualität in der Tat als »paradiesisch« empfinden und das Gegenteil als »Hölle«; doch diese subjektive, so außerordentlich leicht verständliche Empfindung sagt uns nichts über die *Höhe* des Selektionsdrucks aus, welcher trotz Paradies genau die gleiche populationsmathematische Folge hat wie in eher höllenähnlichen Umwelten. In Wirklichkeit ist der Selektionsdruck auf feindlosen Inseln oder ähnlichen Räumen (z. B. gewissen Wasserzonen) ganz genauso hoch wie auf den weitläufigsten, von Feinden übersäten Kontinenten, nur anders zusammengesetzt. Die Por-

1 Morgenwuchs

tion des kontinentalen Feinddrucks übernimmt auf Inseln die innerartliche, insbesondere sexuelle Konkurrenz. Deswegen findet man z.B. nie so elaborierte Balzrituale wie unter Inselvögeln, nie eine so ausgedehnte sexuelle Aktivität wie unter Inseltieren einerseits, großen und von Feinden nur schwer angreifbaren Tieren – wie Löwen, Elefanten, Bonobos und Menschen, welche die Insel durch ihre Wehrkraft ersetzen – andererseits. Dieser große Vorteil des innerartlichen individuellen oder kollektiven Selektionsdrucks hat nicht nur alle Eigenschaften überdurchschnittlich verstärkt, welche die sexuelle Konkurrenzfähigkeit erhöhen (insbesondere die in Rivalenkämpfen so wertvolle Körpergröße, solange kein durch anspruchsvollen Stoffwechsel heraufbeschworenes Ernährungsproblem ihr eine frühe Grenze setzt – dies der Grund für den wohlbekannten »insulären Gigantismus« so vieler Reptilienarten, während bei von vornherein großen Säugetierarten wie Elefanten oder Hirschen, die ja auch gar nicht mehr viel stärker sexualisiert werden konnten, der entgegengesetzte Effekt eintrat, der »insuläre Nanismus« eben), sondern auch eine **Senkung der Nachkommenzahl** (bzw. Gelegegröße) sowie, eng damit zusammenhängend, eine **Verlängerung der Lebenserwartung**. Wahrhaftig, die Inseltiere haben uns vorgemacht, in welche Richtung wir mit unserer Klugheit und Technik unsere eigene Existenz verbessern könnten, statt diese evolutionären Vorbilder erst zu beneiden und dann hirnlos zu vernichten!

Wie kommt dies nun zustande? – Nun, »Planstellen« auf Inseln sind rar, und es ist vorteilhafter, nicht viele, sondern »unerwartete« (also vom innerartlichen Feind nicht so leicht im Nachstellungszeitpunkt durch Eigenvermehrung synchronisierbare) Nachkommen auf den Weg zu schicken, wenn diese überleben sollen. Denn auf Inseln – z.B. Kangaroo Island oder einer gewissen brasilianischen Atlantikinsel, wo die inselangemessene Evolution der dortigen Känguruhs oder Schlangen noch nicht lange gedauert hat – sterben fast alle die vielen Jungtiere, weil die Erwachsenen ihre Plätze besetzt halten. Schickt »man« mehr ins Rennen, dann senkt das die Wahrscheinlichkeit, daß sie mangels »Platz an der Sonne« schon lange vor der Fortpflanzungsfähigkeit zugrundegehen, beinahe gar nicht, läßt einen dagegen selber früher sterben und damit auch früher, als vielleicht, vielleicht für Nachkommen doch eine Stelle freigeworden wäre. Also empfiehlt es sich, sich lieber zu schonen und dadurch länger zu leben sowie bei Nachkommen wie Sexualpartnern »auf Qualität zu achten«. Dies erklärt die Evolutionsrichtung so vieler Inseltiere auf **Langlebigkeit** (die ich »insulärer Methusalismus« genannt habe), **Unregelmäßigkeit der Fortpflanzung** (auf welche sich die innerartliche Konkurrenz schwerer »einstellen« kann als auf regelmäßige, ganz wie Freßfeinde auf Vermehrungszyklen mit Primzahlbasis, worauf Dawkins treffend hinwies), **Aufwendigkeit der Paarungsvorbereitung und Durchführung, Reduktion der Nachkommenzahl** (schon englische Eulen und viele Singvögel legen durchschnittlich weniger Eier als artgleiche kontinentale!) und schließlich die **verbesserte Ausstattung der Nachkommen** i.S. der »K-Strategie«. Aus genau diesem Grund haben sowohl die Kiwis die größten Eier im Verhältnis zu ihrem Körpergewicht von allen Vögeln, die Latimerien (= rezenten Quastenflosser, die in einer Art nährstoffarmer Unterwasserinsel leben) die entsprechend größten Eier von allen Fischen.

Bei den kontinentalen Tieren verteilen sich die Anteile des, wie wir sahen, genau gleich großen Selektionsdruckes ganz anders und führen daher auch zu ganz anderen Ergebnissen. Neben der Feind- und Parasitenabwehr, welche an dieser Stelle jedem einfallen wird, steht besonders die **optimale Ressourcennutzung** im Vordergrund, und hier kommt unsere Analyse der Sexualität und der durch sie erleichterten Mutantenkombination wieder ins Spiel. Sie kann das Phänomen erklären, das wir beim Zusammentreffen der Artenspektren verschiedener Kontinente beobachten konnten und von welchen das Zusammentreffen kontinentaler mit Inselarten nur das Extrem darstellt.

Haben wir nämlich zwei ökologisch annähernd gleiche Taxa vorliegen, z.B. Grasflächennutzer wie Hippiden einerseits, Liptoternen andererseits, so ist nach meiner Argumentation zu erwarten, daß dasjenige Taxon dem anderen in der Lebensraumkonkurrenz überlegen ist, es also verdrängen bzw.

ausrotten wird, das sich auf der **größeren Fläche** entwickelt hat. Genau das ist fast immer bei den Graslandnutzern der Kontinente Nord- und Südamerika eingetreten, sobald diese durch Trockenfall bzw. Entstehung der Landbrücke von Panama aufeinanderstießen; der Grund dafür liegt in der *Form* der beiden Kontinente verborgen, da Nordamerika, wo der Prairiegürtel liegt, breit ist, Südamerika schmal. Dementsprechend sind vergleichbare Flächen und daher Individuenzahlen der um den (annähernd) gleichen Lebensraum konkurrierenden Arten im Nordkontinent größer als im dazugehörigen Südkontinent, und dementsprechend größer war die Wahrscheinlichkeit der nutzungsverbessernden Mutationen und ihrer Kombinationen während der Jahrmillionen auf dem Nordkontinent und nicht dem Südkontinent, was die ökologische Überlegenheit der Nordarten in unserem Beispiel erklärt.[8] (Für Regenwaldarten galt dies dementsprechend nicht.) Beim Zusammentreffen von Inselarten mit ökologisch ähnlichen kontinentalen erleben wir grundsätzlich nur das Extrem dieses Vorgangs bzw. dieser strukturellen Verteilung.

Diese Theorie widerspricht offensichtlich der häufig zitieren Ansicht E. Mayrs[9], wonach die Evolutionsgeschwindigkeit kleiner Populationen höher sei als diejenige großer (wofür bei einigen Autoren die Elefanten gerne als Beispiel herangezogen werden, da ihre Populationen im Gegensatz zu denen von etwa Mäusen oder Käfern immer klein sein

---

[8] Analoges finden wir bei sehr vielen Nutzern von Süßwasserbiotopen gemäßigter und gemäßigt-kalter Zonen, wenn sie durch menschliches Zutun aufeinanderstoßen. So vernichtet im gegenwärtigen Donaudelta, also einem Teil Kontinentaleuropas, der nordamerikanische Mink den Nerz, drängen eine ganze Menge nordamerikanischer Süßwasserkrebse ihre kontinentaleuropäischen Analogien an den Rand des Nichts bzw. in dasselbe, während entgegengesetzte Phänomene – daß verschleppte kontinentaleuropäische Arten sich *auf Kosten* einheimischer nordamerikanischer ausbreiten bzw. diese mit Aussterben bedrohen – erheblich seltener sind oder fehlen.

[9] MAYR 2005, *p.* 128: »Damit ist er [der Genfluß] ein Hauptgrund, warum weit verbreitete Arten stabil bleiben und warum Arten mit großer Individuenzahl sich nicht weiterentwickeln.«

¹ siehe S. 50/1

müssen), weil in ihnen die neue Mutation (oder die Kombination neuer Mutationen) schneller »durch« sei. Das ist sie zunächst gewiß, denn selbstverständlich hat eine vorteilhafte Mutation eine Population von 10 000 Individuen schneller monopolisiert als eine von 100 000 000 (= 10 000²). Aber erstens zeigt uns die Zinsrechnung, daß diese Ersetzung der »alten« Gene an ihrem *locus* durch das neue Gen nicht linear vor sich geht, sondern exponentiell, d.h. die Zeit, um von 1 auf 100 zu kommen, ist etwa gleich lang wie von 100 auf 10 000, keineswegs hundertmal länger, und entsprechend dann für das letzte Drittel unseres Beispiels auch von 10 000 auf 100 000 000; der Effekt ist also gar nicht so dramatisch wie vermutet. Zweitens aber benötigt die gleiche Mutation des öfteren auch *mehr Generationen* zu ihrem Eintritt als in großen Populationen; in unserem Beispiel, wenn ihre Wahrscheinlichkeit 1:100 000 beträgt, sogar zehn für die, sagen wir: Elefantenpopulation von zehntausend Tieren, tritt dagegen in **jeder** Gesamt-Population einer sagen wir: Mäuse- oder Käferart von hundert Millionen gleich tausendmal auf. (Daß dabei die Verteilung zwischen den Unterpopulationen [»Demen«] normalerweise ungleichmäßig ausfällt, hat Folgen, die uns gleich beschäftigen werden.) Zwar ist zu berücksichtigen, daß kleine Populationen, wenn sie nicht aus sehr spezialisierten Lebensformen bestehen, aus sehr *großen* Tieren bestehen werden und daher eine größere Fläche benötigen als kleinere; aber das gälte für ihre ökologische Konvergenzform ja auch. Bedenken wir aber dann auch noch meine oben geäußerte Sexualitätstheorie, dann kommt zusätzlich die Wahrscheinlichkeit eines *Zusammentreffens nur kombiniert vorteilhafter Mutationen* ins Spiel, und dann ist der Vorteil einer großen *gleichzeitigen* Zahl prinzipiell panmiktischer¹ Individuen, wie auch immer diese in lose verknüpfte Populationen zerfallen mögen, in denen die Gendrift ihr zusätzliches Spiel treibt, noch viel auffallender. Er erhöht erheblich die Evolutionsgeschwindigkeit, vor allem bezüglich optimaler Ressourcennutzung und Räuber-Beute-Wettlauf.

Wie paßt dies nun zu unserem angeblichen Gegenbeispiel von den Elefanten? – Als sehr große Tiere sind sie mangels Feinddruck den Inseltieren zu vergleichen. Ihre Größenzunahme selber dürfte von einem gewissen Punkt an, wenn nicht aufgrund der primär, d.h. im Paleozän, geringeren Größe der Raubtiere sogar von Anfang an, den gleichen oben beschriebenen Grund wie der insuläre Gigantismus haben, auf jeden Fall aber bald mit ihm evolutionär parallel laufen und *daher* so auffällig sein. (Was an ihrer Evolution so schnell verläuft, ist durch sexuelle Konkurrenz bedingt, nicht so sehr durch verbesserte Ressourcennutzung, und weil die Größe bei dieser Konkurrenz zentral ist – auf Umwegen übrigens auch in manchen Linien die Intelligenz, denn David hatte viele Frauen, Goliath keine –, fällt diese paläontologisch viel stärker ins Auge als z.B. Verbesserungen des Stoffwechsels. Auf etwas Ähnliches ist auch der demagogisch gewandte, aber in der Sache oberflächliche Gould hereingefallen, als er behauptete, in den ersten Jahrmilliarden der Evolution sei im Vergleich zu den letzten 600 Millionen Jahren »wenig los« gewesen; darüber spotten selbst seine ebenfalls zuverlässig proklerikalen Brüder im Geiste von der Frankfurter Senckenberg-Zeitschrift ganz zu Recht, denn der paläontologisch so unscheinbare Komplexitätszuwachs der ersten selbstkopierenden Zellenvorläufer aus der Eisen-Schwefel-Welt bis hin zu ihrer chemischen Ausstattung z.B. zur Photosynthese oder zum Einsatz des Zitronensäurezyklus war wesentlich grundlegender und zufallsbedürftiger als derjenige des »ersten« Hemichordaten zum »ersten« Menschen.) Darum sind die Elefanten als generelles Beispiel schnellerer Evolution von Lebewesen, deren panmiktische Gesamtzahl klein ist, nicht geeignet. Jeder angemessene Vergleich erfolgt vielmehr zwischen konvergent entwickelten Lebewesen ähnlicher Lebensräume und Lebensweise *gleicher* Größe, und da kenne ich von der von mir oben dargestellten Regel keine Ausnahme. Sie könnte aber kaum zutreffen, wenn meine Sexualitätstheorie falsch wäre. –

Kommen wir nach dieser Abschweifung wieder auf Dawkins' eigentliche Bedeutung zurück. In seiner kohärenten, öffentlichen Zurückweisung der Anmaßungen der religiösen Ideologen liegt eine moralische Größe, die ihn turmhoch über alle seine lebenden Fachkollegen erhebt; aber sie ist keine wissenschaftliche Leistung, auch keine der

Wissenschaftsverbreitung, und sein hausgemachter Erklärungsversuch des traurigen Phänomens fällt weit hinter die menschheitlich längst erbrachte Leistung verschiedener »interdisziplinär« anzuwendender Wissenschaften auf diesem Felde zurück. Aber als geschickter und gegen alle ideologischen Schmutzkeime resistenter Darsteller und Popularisator der zentralen Einsichten der Biologie ist Dawkins ein Meister, wie es ihn seit Haeckel nicht mehr gegeben hat, und das mit Abstand; das hat ihm den zielsicheren Haß aller knechtischen und kleinen Geister der Welt eingetragen, soweit sie mit ihm zusammenstießen oder sich anderweitig mit ihm beschäftigen mußten, und zwar nicht nur im mittlerweile als monopolimperialistisches Globalreich (außerhalb sterbender Reste, deren größten Brocken das hoffnungslos wie ein kreuzzugszeitliches Byzanz unterlegene und daher auf der Abschußliste stehende, wiewohl ebenfalls kapitalistisch organisierte China bildet) alleine bestehenden Westblock, sondern auch, großenteils argument- und tonartgleich, im verflossenen, so unrühmlich verendeten Ostblock.

Warum? – Weil die Einsicht der Biologie, welche von allen ihren Vertretern nun einmal Dawkins am unbestechlichsten, als fast einziger Lebender seiner Zunft ohne die vom sozialen Druck erzeugte gefällige Zweideutigkeit und Lakaienbiegsamkeit vorträgt, welche fast alle populärwissenschaftlichen Bücher unserer Zeit so schwächlich macht und verunziert, eines der wichtigsten, weil gesellschaftlich funktionalsten Elemente jeder Ideologie zerstört: die Behauptung, daß es ein objektives (und daher mindestens virtuell erkennbares) Sollen gäbe, eine »Ethik«, über welche folglich wahre oder falsche Aussagen möglich wären, etwas Normatives über dem Individuum, einen »Sinn des Lebens« (d.h. einen verkappten Herrn des eigenen Subjekts, dem dieses, was logisch freilich immer verreckt und zerbröselt, sobald der Verstand die Frage anpackt, sich aus dunklen, doch angeblich im Wesen der Sache liegenden Gründen unterzuordnen habe – die »Suche« nach dem »Sinn« ist immer die ödipal bedingte Suche nach dem Herrn, oder, um nicht als scheel beäugter Psychoanalytiker, sondern als konsularisch anerkannter Untertan des angesehenen Reiches der Biologie zu reden, das automatische, schon jedem Pavian geläufige ängstliche Äugen nach dem Oberaffen). Daß das nur heiße ideologische Luft ist, haben zwar auch schon Frühere wie de Sade erkannt und vor allem ausgesprochen, weswegen dieser sich ohne falsche Scham, aber unter einem wichtigen Blickwinkel ganz zu Recht den größten aller Philosophen nannte (in der Maske einer seiner Romanfiguren), denn er hatte aus den Reifen des Dienstwagens der allermeisten Philosophen besagte heiße Luft seelenruhig und mutig abgelassen. (Stirner, der den gleichen falschen Gedanken der »Ethiker« sehr richtig einen »Sparren« nennt, leistet fast hundert Jahre später dasselbe etwas schwächlicher und viel farbloser, nämlich als eine besonders weit getriebene Konsequenz des klassischen bürgerlichen Liberalismus – »Anarchismus ist Liberalismus ohne den Polizeigeist«, sagt Trotzki sehr treffend –, was für de Sade gewiß auch zutrifft, aber da stand der spätere Liberalismus noch in seiner ganzen Jugendkraft da und hieß auch noch nicht so, sondern »Aufklärung«.) Natürlich kann man, wenn das einmal klar ist, weiter fragen als de Sade oder Stirner (in seinen Überlegungen zu einem europäischen Staatenbund hat das de Sade übrigens recht konstruktiv sogar versucht), nämlich, welches Durchschnittsverhalten denn zu einem vorher festgelegten Zweck (hier bietet sich Benthams »größtes Glück der größten Zahl« [bzw. und besser: des höchsten Prozentsatzes] an; Marx' Kritik an dem tatsächlich jämmerlichen Ökonomen Bentham ist berechtigt, aber den Moralkonstrukteur würdigt er viel zu wenig bis ungerecht) am *wünschenswertesten* sei, weil es mit der relativ höchsten Wahrscheinlichkeit, gemessen an jedem anderen Durchschnittsverhalten, zum festgelegten Ziele führt.

Man merkt, statt der metaphysischen, immer nach Weihrauch stinkenden Luft, welche die mutigsten Geister aus den Theoreifen gelassen haben, weht hier ein anderer Wind, derjenige von Zweck und Mittel, Wunsch, Interesse und Mehrheitsentscheidung nämlich; nur auf der Basis des Wunsches läßt sich ein Agens oder eine Handlung *bewerten* (als »gut« oder »schlecht« nämlich), und zwar des Wunsches des jeweiligen Subjekts (und keineswegs eines schimärischen Obersubjekts, also des notorischen »gasförmigen Wirbeltieres«, wie Haeckel den Himmelspopanz diagnostizierte und womit wir von der zutiefst irrationalen, im schlechten Sinne äffischen »Moral« zur Religion gelangt wären). Und da diese Bewertung von Subjekt zu Subjekt aufgrund unterschiedlicher Interessenlagen entgegengesetzt ausfallen kann, muß bei Existenz mehrerer Subjekte entweder empirische Willkür herrschen oder aber ein Verhandlungsergebnis. (Da letzteres den Gewinnern einer empirischen Willkürlotterie naheliegenderweise nicht schmeckt, diese aber als solche Gewinner auch die Mem-Multiplikatorstellen besetzen, erklärt sich leicht, warum die ungedeckte Währung der »Moral« überall, wo Willkür und Unrecht im Fundament sitzen, einen schimärischen »Wert« zugeschrieben bekommt, sogar einen ganz verrückt hohen, das Prinzip des echten, weil gewaltlosen und alle verfügbaren Informationen verwertenden Verhandlungsergebnisses aber nicht so gern, besonders nicht den absolut höchsten, denkbaren wie möglichen, obwohl ihm in unserem Zusammenhang einzig dieser zukommen kann.) Es ist angenehm für den Leser, ärgerlich für den Pfaffen oder sonstigen Kopflanger der zufälligen Lotteriegewinner, daß Dawkins diese Basis nie verläßt, hinter dieses Rationalitätsniveau der »moraltheoretischen« Pragmatik nie (oder fast nie und dann nur ganz kurz und wenig) zurückfällt und für die Ermittlung des wünschenswerten intersubjektiven Handelns den ausschlaggebenden Wert rationaler Verhandlung nie vergißt, umgeht oder gar, wie ein Pfaffe oder sonstiger Ideologe, durch irgendeinen Fetisch, in dem doch wieder der imaginäre Oberaffe eingeschlossen wäre, substituiert.

Aber er geht noch weiter, was auch die unerschrockensten Aufklärer und Liberalen aufgrund damals geringeren Menschheitswissens einfach noch nicht konnten: wenn jede mögliche Bewertung einer Sache oder Handlung nur durch die Wünsche (bzw. Interessen, aber darauf kommen wir noch) des Subjekts konstituiert wird und sinnvollerweise auch nur werden kann, was konstituiert dann – konkret-historisch und nicht philosophisch-abstrakt – das Subjekt? Darauf konnte uns erst die neuere Biologie eine treffende Antwort geben, und Dawkins ist der erste und einzige Biologe, der sie in seinem ›Egoistischen Gen‹ ohne Vernebelung [handschriftliche Notiz am oberen Rand:] 1 Bildung einer exakten Kopie (besonders von Genen od. Chromosomen) durch Selbstverdoppelung des genetischen Materials

und Entstellung popularisiert hat. Für diese großartige Tat, viel weniger oder gar nicht für seine schmale und wenig originelle, wenn auch seit dreihundert Jahren vorliegende treffende und sachlich ausreichende Religionskritik (bei der Widerlegung des Satzes: 3 + 3 = 7 ist nun einmal keine großartige Originalität oder Variation möglich, aber auch nicht nötig), ist ihm für alle Zeiten, ganz wie seinem Vorläufer Haeckel für das zu dessen Zeit mögliche an Ideologiestörung mit den Mitteln der Biologie, der ewige, glühende Haß aller Reaktionäre, also aller Feinde der Menschheit sicher, welchem Militärblock sie auch angehörten oder angehören – *dieser* stinkende Wurm stirbt nie. Was reizt nun dessen spezialisierte Rezeptoren, wenn ich damit Recht habe, derart chronisch und heftig?

Offensichtlich, daß Dawkins in dem beobachtbaren »Egoismus« der Individuen, in dessen Bekämpfung Religionen und funktionsähnliche Ideologien nie ermüden, überhaupt nichts Primäres sieht, sondern vielmehr ein **Problem**; ein Phänomen, dessen Genese, wenn es denn nun vorkommt, erklärungsbedürftig ist. (Der Egoismus der Individuen, ab jetzt »Körper« genannt, besteht darin, daß sie Handlungen ausführen, die geeignet sind, den Fortbestand ihrer selbst wahrscheinlicher zu machen, als er bei deren Unterlassung wäre, auch wenn dadurch die Wahrscheinlichkeit des Fortbestandes anderer, insbesondere konspezifischer Körper sinkt.) Und er erklärt dessen Entstehung völlig richtig und lückenlos:

Gewisse Makromoleküle, die nur in Verbänden diese Wirkung hervorrufen können, bewirken die Replikation[1] ihres Verbandes und damit ihre eigene, indem sie ihre Hülle (den »Körper«, welchen wir uns zunächst als einzelne Zelle vorzustellen haben) mit gewissen Eigenschaften und darunter oft auch Handlungsbereitschaften und -fähigkeiten programmieren, welche diese Replikation bewirken und nach Möglichkeit *wahrscheinlicher machen* (z.B. durch Bewegung, die ihre Aneignung durch ähnliche Komplexe erschwert, also das »Gefressenwerden«, oder die eigene Aneignung anderer ähnlicher, aus welchen bei deren Zerstörung für die eigene Replikation geeignete molekulare Bausteine entnommen werden können, erleichtert, also das »Fressen«). Diese

Makromoleküle nennen wir »Gene«, ihre Gesamtheit in einer Zelle »Genom« und deren Hülle »Körper«; verbinden sich mehrere davon zu einem stabilen »Gewebe«, so nennen wir *dieses* »Körper« oder »Individuum«; wir dürfen dabei nicht vergessen, daß dieser zusammengesetzte Körper in allen seinen Genomhüllen (die allmählich noch mehr als dieses Genom zur Erhöhung von dessen durchschnittlicher Reproduktionswahrscheinlichkeit aufnehmen können, z.B. Symbionten und gewisse Flüssigkeiten), welche wir »Zellen« nennen, haargenau dasselbe Genom enthält. Diejenigen Gene also, welche im gegebenen Verband auf diesen Körper so einwirken, daß er sich so verhält, daß die Wahrscheinlichkeit ihrer Replikation langfristig größer wird als diejenige anderer Gene an demselben Locus, werden bald häufiger werden als jene; könnte man ihrer Programmierung des sie einschließenden Körpers also ein Motiv unterstellen, z.B. das der Verdrängung anderer um ihren Locus konkurrierender Gene, ihnen also die Eigenschaften eines Subjekts zuschreiben, dann ließe sich sagen, sie verhielten sich **egoistisch**. In keinem anderen Sinne benutzt Dawkins das Wort vom »egoistischen Gen«: er benutzt es also stets nur *metaphorisch*; er wird nicht müde, uns das klarzumachen, so wenig wie die Arschlöcher unter seinen Lesern, sich das nicht klarmachen zu lassen.

Es ist übrigens zu betonen, daß dieses »egoistische« Verfahren, wie die Gene ihre Körper programmieren, nichts damit zu tun hat, ob eventuell andere Gene in notgedrungen anderen Körpern ihnen substanziell bzw. hinsichtlich ihrer Position im analogen Chromosom (= *locus*) gleich sind. Sie werden immer als Konkurrenz »behandelt«, weil das mit jedem anderen »konkurrierende« Gen ja nicht »wissen« kann, ob ein irgendwo analog wirksames mit ihm womöglich substanziell oder positional gleich ist, aus dem einfachen Grunde, weil kein Mechanismus konstruierbar ist, der ihm eine Programmierung »seines« Körpers erlauben würde, welche diesen dazu bewegt, sich so zu verhalten, daß er keinen anderen Körper schädigt, in welchem sich das struktur- und positionsgleiche Gen befindet. (Es gäbe in diesem herbeikonstruierten Fall auch noch erhebliche Konkurrenzprobleme mit den anderen Genen seines Genoms.) Nur eine einzige

Ausnahme von dieser Unmöglichkeit existiert: wenn andere Zellen (oder Zellverbände, deren Zellen genetisch identisch ausgestattet sind) Produkte der Replikation des Genoms sind (auch wenn diese auf komplizierte Weise später nur hälftig erfolgt), dann sind diese eben daran zu »erkennen«, daß sie *durch jenen Vorgang entstanden* sind, und nur so, aber eben so erklärt sich die Möglichkeit stabiler Zellverbände (»Gewebe«) und die »Parteilichkeit« des Immunsystems, genauso wie die »Verwandtenhilfe« (unter Einschluß der Brutpflege), weil Gene, welche die zu jenen Ergebnissen führenden Eigenschaften bewirkt haben, ihre Reproduktionswahrscheinlichkeit gegenüber anderen erhöht haben und dadurch nach etlichen Generationen die Monopolisierung ihres Locus durch ihre Replikate bewirkt haben werden.

Man bemerke also: nicht die Körper verhalten sich »eigennützig« (wenn denn nun schon die Maximierung der eigenen Repräsentanz an der Gesamtzahl der weltallweit vertretenen Makromolekülsorten als ein »Nutzen« gelten soll, wodurch wir nur auf die dieses »Ziel« vortäuschende »Verhaltensweise« der solcherart gesteuerten Körper gekommen sind; ohne diese bizarre, aber durch schwache Analogien bei Individuen suggerierte Wertung würde unser Wort unsinnig), sondern die als Gene bezeichneten Makromoleküle. Die Körper sind nur ihre Werkzeuge. Solange Sexualität und obligatorischer Tod den Körpern fehlen, also mindestens gute zwei Milliarden Jahre lang und für die mutmaßliche Mehrheit der biologischen Individuen bis heute, läßt sich allerdings die Konsequenz dieser Wirkung auf die Körper zwischen diesen und ihren Genen nicht unterscheiden: die Replikation und daher auch Statistik beider fallen zusammen. Wird auf dieser Stufe der Körper vernichtet, wird das Genom auch vernichtet, wird er repliziert, wird es das auch, und umgekehrt. Spätestens mit der Mehrzelligkeit kann sich das ändern: der gerade geäußerte Satz gilt dann uneingeschränkt nur noch für Geschlechtszellen, für ganze Körper nur soweit, wie ihr Verhalten oder ihre sonstigen Eigenschaften die Wahrscheinlichkeit der Replikation der sie programmierenden Gene heraufsetzen, z.B. indem sie sich mit den weiter oben besprochenen Folgen mit passenden Körpern paaren, Gefahren entkommen oder Ressourcen nutzen.

Es gilt dagegen nicht mehr, wenn sie nach oder bei dieser Paarung regelmäßig oder mit erhöhter Wahrscheinlichkeit vom Objekt gefressen werden, sich Gefahren aussetzen, ohne deren Aufsuchung sie zwar die Wahrscheinlichkeit der Genreplikation drastisch herabsetzen, aber dafür statistisch häufiger Freßfeinden zum Opfer fallen oder sich mit Parasiten infizieren, oder Ressourcen im Rahmen der Verwandtenhilfe abgeben (außer, wenn diese mit bedingter Kooperativität, die Dawkins in unglücklicher Tradition irreführenderweise »reziproken Altruismus« nennt, zusammenfällt, was aber ein neues Thema wäre). Mit anderen Worten: dehnen wir unsere bzw. Dawkins' Egoismusmetapher dergestalt aus, daß wir die Replikation der Gene als deren »Nutzen« und schließlich »Interesse« bezeichnen, das Überleben der Körper als *deren* »Interesse« und mit dem Nutzen für sie alles, was jenem »Interesse« dient, dann stellen wir fest, daß die Evolution schon lange vor der Ediacara-Fauna einen Punkt erreicht hatte, von dem an die »Interessen« der Gene bzw. Genome und der Körper auseinanderfallen können, d.h. sich nur noch teilweise decken, teilweise aber auch antagonistisch sind.

Woher haben wir nun – bzw. eben Dawkins – die Metapher vom »Egoismus«, »Interesse« usw. der Gene eigentlich genommen? Ohne Zweifel von Körpern, also Individuen mit einem hochentwickelten neuronalen Apparat, wie wir es selber sind, welche erst ganz am Ende der wie beschrieben eingeleiteten Entwicklung stehen, welche sich dadurch charakterisieren läßt, daß in ihr die anfangs bitter nötigen Anführungsstriche allmählich verlorengehen. Denn bald nach Entstehung der ersten Gewebetiere und damit einhergehend der Zelldifferenzierung bilden sich auch Zellen, welche auf bestimmte Agentien (zunächst) der Umwelt ihres Körpers mit gleichförmigen elektrischen Abläufen an ihrer Zellmembran reagieren, wodurch sie den entsprechenden Impuls von einer Körperstelle zur anderen leiten können (und dadurch sehr bald eine normalerweise langgestreckte Form annehmen), außerdem untereinander in Verbindungen treten und durch Auslösung durch unterschiedliche, spezifische Agentien diesen Vorgang in digitale Impulse umsetzen, eben ihre elektrischen »Reiz«leitungen durchführen und dadurch »ihre« Körper zu standardisierten Reaktionen auf diese Agentien, subjektiv nun zu »Reizen« geworden, veranlassen können. Diese besonderen Zellen, Neuronen genannt, entwickeln bald äußerst komplizierte Systeme, aus denen das *Subjekt* hervorgeht; dies ist möglich, sobald sie Reizmuster mit einem stabilen **Bewertungsmuster** ausgestattet haben (Schmerz [negativ], Lust [positiv], Wohlgeschmack/Ekel usw.). Diese genetisch programmierten, also angeborenen Bewertungsmuster fallen je nach Ökologie der Art für diese spezifisch aus, je nach deren Fähigkeit zur Ressourcennutzung, Umweltresistenz usw.; so können die gleichen Temperaturen, Lichtintensitäten, chemischen Agentien (z.B. in Kot, Fleisch oder Nektar) oder auch Salinitäten von Art zu Art ganz unterschiedliche Wertungen auslösen, ebenso natürlich körperliche Eigenschaften möglicher Paarungspartner (wie behaart *vs.* nackt, Gesäßschwielen *vs.* keine Hämorrhoiden, dieses Zirp- oder Blinkmuster *vs.* einem anderen usw. usf.). Diese neuronal und arttypisch programmierten bzw. ausgelösten Wertungen äußern sich subjektiv als *Gefühle*; mittels dieser Gefühle lenkt über jene von ihm als Bau »bestellte« Struktur, also das Zentralnervensystem, das Genom unsere Handlungen. (Einfachere, noch subjektlose Schaltungen bewirkten »Reflexe«.) »Ein Körper ist in Wirklichkeit eine von ihren eigennützigen Genen blind programmierte Maschine« (eG 172). Der Nutzen ihres dadurch erzeugten Verhaltens muß daher nicht notwendigerweise derjenige des Körpers, also des Individuums, sein; zwischen dem »Interesse« des Genoms und dem Interesse des Individuums, dem metaphorischen und dem durch dieses allmählich erzeugten wirklichen kann es die größten Widersprüche geben. Ein Männchen gewisser Spinnenarten, das nach der Paarung gefressen wird, ist nur neuronal zu schlecht ausgestattet, um durch Beobachtung und logischen Schluß sowie durch Vergleich gespeicherter Erinnerungsbilder dahinterzukommen, daß seine Interessen, zu denen weniger der Fortbestand seiner Existenz als vor allem die Vermeidung großer und endgültiger Unlust gehört, die Unterlassung statt den Vollzug seiner Paarung erforderten; *mutatis mutandis* gilt dies auch für uns Menschen, welche gut daran tun, sich mit keiner Fortpflanzung zu belasten, sondern sie behindern besser durch Genmanipulation folgender Generationen den Alterungsvorgang und bringen, wenn doch mal zu wenige übrig sind, um eine optimale Arbeitsteilung, d.h. Zivilisation und daher Versorgung im allerweitesten Sinne, aufrechtzuerhalten, die Gesamtzahl mittels einer künstlichen Plazenta oder ähnlicher Erfindungen wieder aufs Optimum. Das jedenfalls wäre eine vernünftige kollektive Zielsetzung der Individuen, ob es den Genen »paßt« oder nicht – bloß können *die* sowieso nichts sagen und nichts merken. Das Interesse des Individuums ist seine optimale langfristige Lust/Unlust-Bilanz, mitnichten die »Erhaltung seiner Art«; ihre spezifische Struktur hat sich mit der – häufigen – *Folge* dieser Erhaltung erst auf dem angedeuteten Wege evolutionär herausgebildet, eine objektive oder gar subjektive Tendenz zur »Arterhaltung« gibt es in der Natur nicht, und es ist sehr sympathisch und zugleich *wirklich* antifaschistisch von Dawkins, daß er uns diese Tatsache mit jenen gerade gefallenen Worten unermüdlich vor Augen stellt; »Du bist nichts, Dein Volk ist alles!« kann vor der einmal verstandenen und durch Dawkins an dieser zentralen Stelle vorbildlich verständlich gemachten Natur einfach nur abblitzen. Der »Genegoismus« führt nur zur Reproduktion individueller Gene, der Egoismus der Individuen hilft ihm indirekt dabei, weil seine Form durch ihn programmiert wurde, nur der Verstand als vorläufig am weitesten entwickeltes Ergebnis dieser Selektionsfolgen kann ihn – durch bewußte Kalkulation des eigenen Interesses – dabei stören und den Spieß umdrehen. Aber auch jener »heilsame« Egoismus des Individuums konnte sich nur durch den »blinden« Egoismus der Gene herausbilden.

Natürlich gilt diese Argumentation nicht nur gegen den Faschismus, sondern auch gegen jede naturwüchsige, nicht nach der Bentham-Vorgabe planmäßig ausgetüftelte Gesellschaft, und eine solche war auch die sowjetische noch nicht ganz und konnte sie nach Aufkommen Stalins auch nie mehr werden; unsere monopolistische und zugleich, als Folge davon, monoimperialistische ist es genausowenig und kann es vor allem genausowenig werden, weshalb alle genannten gemeinsam haben, daß sie bzw. die Inhaber ihrer gesellschaftlich bewundernswert streng selektierten Multiplikatorstellen

Dawkins bzw. die Verbreitung seiner grundlegenden Einsichten (bzw. diejenigen seiner Wissenschaft) ganz und gar nicht mögen können. Denn auch sie fordern, aus den gleichen Gründen wie alle anderen Klassengesellschaften, von ihren Mitgliedern alle möglichen Opfer für ein »Gemeinwohl«, von dessen lächerlich angeblich solcherart geleisteter Sicherung die Alimentierung des Gepfaffs und die Kolonialkriege gegen Serbien, Afghanistan und den Irak, die nicht militärische Aushaltung arabischer Handabhackerfürsten und die lückenlose Überwachbarkeit aller Ferngespräche und Bankkonten nur die Spitze des Eisbergs bilden, d.h. welche dem allergrößten Teil aller derer, die für sie zahlen und opfern müssen, nur Nachteile statt der herausgetönten Vorteile bringen. Darum muß zu deren Rechtfertigung und allgemeiner Einstimmung mal wieder die (unheilbar metaphysische, wie wir gesehen haben) »Ethik« oder »Moral« herhalten, in deren jauchigem und blutigem Kielwasser unzertrennlich auch der alte gasförmige Rauschebart ganz natürlich hinterherplätschert. Egoismus ist also was Schlechtes, müssen daher die Lehrer und »Philosophen« tönen. (Dabei ist er das doch nur, wenn er *kurzsichtig* ist, also Übersicht und langfristige Berechnung meidet [*cf.* dazu eG 86*sq.*!], wozu ihn bzw. seinen Träger einige seiner Gene freilich »drängen« »wollen«, da ihre »Interessen«, wie wir gesehen haben, mit den seinigen nicht übereinstimmen, was er nicht merken soll – nebenbei gesagt, ein typischer Fall der von Freud beschriebenen Verbindung von Es und Überich hinter dem Rücken des Ichs.)

Selbstverständlich lassen sich auf der Basis der »bedingten Kooperativität« (= »*tit for tat*«) auch allerhand rational an den Körper – statt den ohnehin tauben Gen-Egoismus – appellierende Forderungen an das allgemeine Verhalten stellen, die sich zu einem glanzlosen und emotional mäßig besetzten Prozentsatz auch mit irgendwelchen herkömmlichen Moralen decken mögen. Aber selbst das ist nur wünschenswert, wenn die Bedingungen der bedingten Kooperativität auch wirklich zack-zack eingehalten werden, und zwar symmetrisch, und in der gezielten und bewußten Strukturierung der Gesellschaft, in der diese Forderungen dann mit Aussicht auf langfristig gewaltarme Gewohnheitsbildung auch verbreitet werden, darf neben ihnen auch noch so heimlich keine andere Zielsetzung als die schon erwähnte Bentham'sche aufkommen. Ob sich eine solche Gesellschaft dann im Erfolgs- und Ernstfall nennenswert von der von Marx, Engels und Lenin anvisierten unterscheiden würde, brauchen wir hier nicht zu diskutieren, aber von der bestehenden jedenfalls äußerst gründlich. Die allgemeine Festigung und weiteste, solideste Verbreitung der von Dawkins vorgeführten Einsichten der neueren Biologie wäre mit ihr ganz vorzüglich kompatibel, mit der bestehenden dagegen nicht. Das ist, nebenbei, auch ein Diagnostikum.

Grob unverständig wäre (und ist leider auch oft) die Idee, Gefühle, deren physiologische wie evolutionäre Ableitung gelungen ist, wären sozusagen minderwertig, existierten am Ende nicht mehr, wären nicht »echt«. Nun ist es eine Binsenwahrheit, daß Menschen sich in Gefühle (die somit nicht mehr von einem autonomen Anlaß ausgelöst werden) »hineinsteigern« können, manche, darunter die besten Schauspieler, sogar mit allen physiologischen Folgen wie denjenigen eines »Strahlens« der Augen, welche nicht von der Willkürmuskulatur ausgelöst oder auch nur beeinflußt werden können; dies geschieht durch Konzentration auf willkürlich gewählte Erinnerungsbilder, aber auch durch absichtliche Steuerung der Ausdrucksbewegungen über längere Zeit (z. B. »eine finstere Miene aufsetzen«), soweit eben möglich. Oft gelingt es Menschen, die sich in diese beabsichtigten Gefühle »hineingesteigert« haben, diese Vorgeschichte zu vergessen, die Resultate zu chronifizieren und dann für »echt« zu halten. *Diese* Gefühle werden durch ihre Analyse, d. h. die Aufhellung ihrer Entstehung, tatsächlich aufgelöst, sozusagen geschädigt, aber dieser Schaden ist für seinen Träger kein Verlust, sondern ein Gewinn, da er treffend als »befreiend« empfunden wird; bei unverfälschter Anwendung leistet hier die klassische Psychoanalyse oft Großartiges, besonders bei der Zersetzung der »Reaktionsbildungen«.

Anders dagegen bei den Gefühlen, welche ausschließlich durch ihre Anlässe »geschaffen«, d. h. ausgelöst werden (wobei diese Anlässe auch aktivierte Erinnerungsbilder sein können). Da bei ihnen keine Verschiebungen im Spiel sind (durch Überlagerung heterogener Elemente einer »Lerngeschichte«, welche das »Anschalten«, das man sich ähnlich wie dasjenige der Bilder auf einem Computer-Bildschirm und nicht wie eine Leinwandprojektion vorzustellen hat, durch bedrohliche Negativkontingenzen verhindern oder behindern), wie sie durch das Verständnis ihrer Entstehung rückgängig gemacht werden können, sind sie in jeder Hinsicht »echt«. Das Verständnis ihrer Entstehung zerstört oder stört sie nicht (denn es besteht ausschließlich aus dem Begreifen der Verzahnung zwischen äußerem Anlaß und jener neuronalen Reaktion darauf, welche auf evolutionärem Wege entstanden ist). Ihr Verständnis hebt sie so wenig auf, ändert sie so wenig wie ein Verständnis der Physiologie etwa die fatalen Folgen eines Herzinfarktes aufheben oder auch nur einschränken kann. Der fakultativ abwertende, höhnische oder bedauernde Ton des Sätzchens »Das ist ja nur, weil…« verfängt in diesen Fällen überhaupt nicht; das kann er nur, falls berechtigt, d.h. die zum »weil« angegebenen Gründe zutreffend, wenn das verstandene Gefühl durch eine (eigene) Täuschung oder eine Lüge hervorgerufen wurde, wie bei der Religion unvermeidlicherweise; deswegen zetern deren Vertreter so gerne über den »Reduktionismus« (den Dawkins sehr treffend und einfach als »den ehrlichen Wunsch, zu verstehen, wie die Dinge funktionieren« definiert, bU 28), über die schreckliche »Entzauberung der Welt« (unter Einschluß des Regenbogens) usw., ganz einfach, weil durch deren Analyse ihre Lügen oder, vornehmer ausgedrückt, Suggestionen auffliegen. Ein Popanz mag die Emotion der Furcht hervorrufen, ein als solcher verstandener Popanz kann es naheliegenderweise nicht mehr und hat daher – bzw. seine Nutzer – das Verständnis zum Feind; dagegen ruft beim in seinen neuronalen Funktionen unbeschädigten Menschen z.B. ein von vier Seiten heranrasendes Buschfeuer oder die erkannte oder geahnte Gefahr einer tödlichen Infektion immer Furcht hervor, auch dann, wenn dieser Mensch zufällig ein hervorragender Neurophysiologe sein sollte, der Mechanismus und evolutionäre Entstehung der Emotion »Furcht« tadellos kennt und beschreiben könnte. Jedes Gefühl, auch das allerechteste, ist »nur« ein ganz bestimmter Ablauf neuronaler

Aktivität, und deshalb ist es auch »nur« durch Genselektion entstanden, d.h. unerbittlich durch jenen metaphorischen, aber statistisch alternativlosen »Genegoismus«, d.h. die ausschließliche Häufung jener Gene ihrer Population, die ihre Körper mit Eigenschaften versehen, welche die Wahrscheinlichkeit ihrer Replikation statt derjenigen anderer Gene, also auf deren »Kosten« und zu deren »Schaden« (also »egoistisch«), erhöht. Das gilt auch für den Fall, daß das Evolutionsergebnis dabei die Auslösbarkeit »selbstloser« Gefühle war, d.h. solcher, die das Individuum dazu bewegen, sich oder Teile seiner Ressourcen zugunsten anderer Individuen zu opfern. Von der »Liebe« zu Geschlechtspartnern oder nächsten Verwandten kennen wir das ja – es war »klug« von den Genen gewesen, einen neuronalen und biochemischen Mechanismus zu ihrer Aktivierung zu »basteln«, weil dieser ihre Replikationswahrscheinlichkeit erhöht, mag er auch die sie tragenden Individuen (»Körper«) schädigen. Diese Nüchternheit der Analyse ließ Ostblockprofessoren die Intelligenz ihrer Leser niedrig einschätzen und daher gereizt über Dawkins quengeln bis anathematisieren: »Die wenigen moralischen Alibi-Schlenker, die der Verfasser aus welchen Gründen auch immer anbringt, ändern nichts an der Zielsetzung und den Grundlagen des Buches. Obwohl Dawkins als Wissenschaftler in einem wissenschaftlichen Departement in Oxford geführt wird, liegen die Thesen dieses Buches [*sc.* des ›Egoistischen Gens‹] außerhalb des Bereiches, der noch eine wissenschaftliche Diskussion zuläßt. Da Dawkins das natürlich weiß oder wissen müßte, kann sein Buch nur so verstanden werden, wie es gemeint ist: eine ›genetische Apologetik‹ auf die Dawkins'sche Gesellschaft und deren brutales Sozialklima. (…) Dawkins' Auffassungen sind gewiß Extreme in der Verwertung von Schlagworten aus der Genetik zu weltanschaulicher Beeinflussung der kapitalistischen Gesellschaft« (HERRMANN 1986, *p.* 31; s.d. die ganze Passage 30–32. Sich dümmer stellen und angestochener sein kann auch ein authentischer Religionsvertreter nicht).

Aber Westblockprofessoren sind erfahrungsgemäß keinen Deut besser oder origineller, als die Ostblockprofessoren es waren; gewöhnlich begnügen sie sich mit amöbenblödem

Mantragebete als Abwehrzauber gegen Dawkins, besonders gerne des besonders blöden »differenziert«-Mantras, jenes »westlichen« Breitband-Mantras, wie es jeder pressegestützte fdGO-Lakai in seinen Anti-Dawkins-Interviews vorexerziert (mindestens jeder zweite Staatslakai nennt Dawkins in solchen dann einen offenbar tadelnswerten »Vereinfacher«, was das Mantra in den Leser- oder Hörerköpfen ja so zuverlässig lostritt wie nur je ein von Tinbergen erforschter »Auslöser« gewisse Handlungselemente bei Tieren, ohne uns freilich, was seinen bodenlosen moralisch-intellektuellen Rang demonstriert, auch nur einen einzigen Beleg vorzuführen, wo Dawkins bei der Erklärung irgendeines Gegenstandes oder Vorgangs ein Element ausläßt, dessen Auslassung eine irrige Vorstellung heraufbeschwört – nur das wäre ja eine tadelbare Vereinfachung, während z.B. die Feststellung, daß ein komplexer Ziegelbau, der aus rechteckigen Ziegeln besteht, aus rechteckigen Ziegeln besteht, was nun einmal einfach ist, durchaus keine irreführende und dadurch kritisierbare Vereinfachung ist).

Damit sind wir wieder beim »Reduktionismus!«-Geschrei der Theo-Fritzen. Worum es in Wirklichkeit geht, will natürlich auch Dawkins selber nicht wahrhaben, obwohl seine Stärke gerade in dessen Beherrschung besteht – es ist das dialektisch-materialistische Denken (das man genausogut, weil damit identisch, auch das »wissenschaftliche« nennen kann). Bevor das Geschrei aller anhebt, die Engels nicht gelesen haben und sich dafür gerne und gehorsam all der unzähligen Schwätzer erinnern, die im Namen jenes Marx, der aus ähnlichen Gründen verständlicherweise darauf bestand, kein Marxist zu sein, aus der »Dialektik« oder gar dem »dialektischen Materialismus« eine ebenso fade wie verbohrte Mystik machen, machen wir uns lieber nüchtern und vorurteilslos klar, was es denn nun bedeutet. (Das Geschrei kann natürlich auch »stumm«, d.h. für andere unhörbar, im eigenen Kopf anheben, nämlich als Indoktrinationsrückstand.)

Daß Dawkins wie jeder seriöse Wissenschaftler Materialist ist, d.h. keine immateriellen Agentien annimmt, die auf materielle Objekte einwirken, wird wohl kein Mensch bestreiten. Aber was die geheimnisvolle, als geistige Schwindelfirma verdächtige »Dialektik« sein soll, scheint schon sehr viel schwieriger zu sein. Verstehen wir unter dem geheimnisvollen Wort jedoch das gleiche wie Engels (›Anti-Dühring‹, *cap.* XII u. XIII, s. bes. MEW XX 131*sq.*), dann ist es überhaupt nicht mehr schwierig, enthält aber dafür den einzigen Schlüssel zu unserem Reduktionismus-Problem überhaupt. Es ist – soweit in unserem Zusammenhang relevant – ganz einfach die Tatsache, daß erst eine gewisse Menge (Quantität) gleichartiger und insofern »einfacher« Elemente eine **Struktur** ermöglicht, welche ihrerseits einen Mechanismus möglich macht, welcher mit einer kleineren Menge derselben nicht zu bauen wäre – nichts anderes ist der berühmte »Sprung von Quantität zu Qualität«, also zu einer durch diese Struktur ermöglichten neuen **Eigenschaft** (»Qualität«), z.B. »Leben«. (Da auf diese Weise der anaerobe Lückengott aus den menschlichen Verständnislücken gescheucht wird, der alte parasitäre Stinker, ist das angestochene Theologenquaken gegen jede Herleitung neuer Qualitäten aus durch gewachsene Quantitäten ermöglichte Strukturen verständlich.) Wilhelm Grimm konnte keineswegs seinen Bruder im Halbkreis um sich versammeln, der biblische Josef seine Brüder dagegen schon. Die neue Qualität, welche durch die vergrößerte Quantität der Elemente möglich wird, ist jener Halbkreis, auf dem ggf. irgendeine weitere Mechanik (z.B. in militärischen oder wildbeuterischen Zusammenhängen, auch bei Pelikanen und Thunfischen) aufbauen kann, ohne sie nicht; freilich müssen die vorhandenen Elemente ihren Eigenschaften gemäß auch dazu geeignet sein. (So hätte Josef nicht aus elf separaten Darmgasen seiner Brüder einen Halbkreis herstellen können, die Babylonier ihre Zikkurat nicht aus Eiswürfeln statt Lehmziegeln.) Zur Herstellung bzw. Entstehung einer autoreplikativen, energetisch durch diesen Vorgang und sonstige Bautätigkeit als Homöostase stets tendenziell defizitären Doppelhelix ist es prinzipiell genauso; damit jene Struktur vorliegen kann, die ihre neue Qualität ergibt, nichts Geringeres als das sogenannte »Leben«, ist eine ganze Menge ihrerseits einigermaßen komplexer Makromoleküle nötig – diese aber einmal gegeben, braucht am Verständnis des neuen und erstaunlichen Phänomens grundsätzlich nichts mehr zu klemmen, den Pfaffen zum Ärger, den Aufklärern zur Freude. Es ist genau dieser dialektisch-materialistische Gedanke, den uns Dawkins im ersten Kapitel seines ›Blinden Uhrmachers‹ anhand noch weitaus komplexerer Gebilde sehr geduldig vorführt und klarmacht, auch wenn er dessen verfemte Bezeichnung und Kategorisierung so sehr scheut wie im entscheidenden Moment ein gewisser Renaissance-Kardinal den Blick durch Galileis Fernrohr. Aber Dawkins lebt nun einmal im welterwürgenden Monoimperialismus, dieser Eisernen Jungfrau aller Freiheit, und er will leben, und zwar an seinem kostbaren, für seinesgleichen nahezu einzigartigen gesellschaftlichen Platz, auf dem er uns nützlicher werden kann als in Elend und Dunkel; darum sei es ihm verziehen, so meine Empfehlung an meine Leser.

Ost- wie Westprofessoren erwiesen sich bei der Abwehr von Dawkins beide gewöhnlich nur als intellektuelles Kroppzeug, gerade wie in früherer Zeit diejenigen eines anderen Fachbereichs bei derjenigen von Marx und Engels vor Max Weber; deswegen wird dieser heutzutage von deren Nachfolgern auch überall dort zitiert, wo aus sachlichen wie moralischen Gründen jene beiden Autoren hingehörten. Mit dem zweifellos klugen und fleißigen Weber in unserem Zusammenhang funktional vergleichbar wäre – oder vielmehr ist – der holländische Simiologe Frans de Waal, der einzige Biologe, soweit ich weiß, welcher eine geistig anspruchsvolle Kritik an Dawkins verfaßt hat. Treffend ist sie allerdings trotzdem nicht, wie als Abschluß dieses Büchleins vorgeführt sei.

Während besagter Frans de Waal in seinem Werk ›Wilde Diplomaten‹ (1991) gegen Dawkins erst bloß das abgedroschene »Argument des persönlichen Unglaubens« (*argumentum defectus viris suae propriae imaginationis* oder »das kann ich mir nicht vorstellen«, nämlich das Wirken des metaphorischen Genegoïsmus als letzte Ursache des zärtlichen Verhaltens eines Dohlenpärchens angesichts desselben, *op. cit.* p. 31[10]) vorzubringen weiß, gegen das sich Dawkins selber

---

[10] In diesem Buch ist de Waals Anti-Dawkins-Polemik noch beschränkt und persönlich bis zur intellektuellen Defizienz: »Wenn ich

schon in anderen Zusammenhängen ausreichend verteidigt hat, geht er in seinem späteren ›Guten Affen‹ schon sehr viel geschickter vor. Er zitiert – zu Beginn seines eigentlichen Textes, also am Anfang des ersten Kapitels – Dawkins' Aussage: »Wenn der Leser jedoch eine Moral... ableiten möchte, möge er es als Warnung lesen: Wenn er – wie ich – eine Gesellschaft aufbauen möchte, in der die Einzelnen großzügig und selbstlos zugunsten eines gemeinsamen Wohlergehens zusammenarbeiten, kann er wenig Hilfe von der biologischen Natur erwarten. Laßt uns versuchen, Großzügigkeit und Selbstlosigkeit zu *lehren*, denn wir sind egoistisch geboren« (eG 3 der von mir benutzten Ausgabe; de Waal zitiert aus einer anders paginierten Vorlage). [Bevor wir weiterlesen, sollten wir uns allerdings einen Fallstrick der Übersetzung vergegenwärtigen: »Selbstlosigkeit« gibt hier keineswegs »self-denial« oder etwas Ähnliches wieder, wie das in einer Rückübersetzung zu erwarten wäre, sondern »unselfishness«, d.h. die Fähigkeit, durch Überblick über längere Zeiträume und ausgedehntere Zusammenhänge auf kleinliche, automatisiert geforderte Augenblicksvorteile zu verzichten, um dadurch mit höherer Wahrscheinlichkeit viel größere in der Zukunft und im Durchschnitt zu erlangen – das soziale Analogon zur individuellen menschlichen Arbeit, sozusagen. An dieser Unterscheidung bzw. Einsicht hängt meines Erachtens alles.]

Mit dieser Einsicht Dawkins' collagiert de Waal nun einen ähnlich langen Ausspruch des Pfaffenhelfers Gould, welchem offenbar seine Sympathie gehört und diejenige des unbedarften Lesers seinem Kalkül nach ebenfalls gehören soll:

»Warum sollte unsere Niedertracht die Bürde einer Vergangenheit als Affen und unsere Gutartigkeit eine einzig dem

---

ein Dohlenpärchen sich zärtlich und geduldig putzen sehe, dann ist mein erster Gedanke nicht, daß die Vögel das tun, um Überlebenshilfe für ihre Gene zu leisten. (...) Es geht [mir] mehr um die psychologische als um die biologische Entstehung von Verhalten« (*ibid.*). Nur: die neuronale Schaltung, welche Subjektives erzeugt, kann doch selber nur Selektionsresultat sein und nicht dessen Alternative, und Dawkins oder anderen aufgeklärten Biologen zu unterstellen, Subjekte würden die Genese ihrer Antriebe kennen, gar kennen müssen, ist ein bißchen schwachsinnig. Im späteren Werk vermeidet de Waal diesen Schein.

Menschen eigene Eigenschaft sein? Warum sollten wir nicht auch, was unsere ›edlen‹ Charakterzüge betrifft, nach einer Kontinuität mit anderen Tieren suchen?« (zit. n. DE WAAL 1997, *p*. 15).

Nun fällt auf, daß auch bei Goulds Aussage alles an einem Wort hängt, nämlich daran, was wir unter »gutartig« oder gar »edel« – welch letzteres er selbst in Anführungsstriche setzt – eigentlich verstehen wollen. Schaffen wir es, dabei nüchtern zu bleiben und den Begriff gegen das Eindringen jeglicher Metaphysik streng abzudichten, dann steht Goulds Frage bzw. Argument nicht im geringsten Gegensatz zu demjenigen von Dawkins. Dann allerdings wäre de Waals suggerierte Konfrontation der Zitate entweder dumm oder heimtückisch (und dumm ist er wirklich nicht). Lassen wir unseren Verstand hingegen erlahmen (oder unterstellen Gould den gleichen Umgang mit dem seinigen), dann bleibt die plakative Konfrontation sinnvoll.

Beginnen wir mit dem Wort »edel«. Es bezeichnet primär (oðal = vererblicher Landbesitz) nichts anderes als »grundbesitzend« (und damit faktisch immer über Leibeigene oder wenigstens Abgabenpflichtige verfügend), d.h. einen Menschen, der über Reserven verfügt, welche ihm momentane Verzichte zugunsten anderer, die sich nur statistisch und nicht sofort auszahlen, ohne grobe und augenblickliche Selbstgefährdung gestatten. Im Tierreich ist es, um vorzugreifen, ähnlich: nur Tiere, die gegenüber Feinddruck einigermaßen resistent sind (durch ihre Größe oder ihre Lebensweise), »gestatten sich« solidarische Verhaltensweisen, d.h. solche, welche nicht einfach »Verwandtenhilfe« sind (wie z.B. Brutpflege und sogar, wegen deren Mühen und Gefahren, Paarung), sondern sich erst nach einer Weile und auch nur im statistischen Mittel auszahlen können. *Dann* allerdings – und diesen Punkt spielt de Waal das ganze Buch lang herunter – können sie durchaus eine ESS werden, vorausgesetzt, es finden sich in der Herde oder Horde gemäß dem äußerst tiefsinnigen und in den Kern aller gesellschaftlichen Probleme führenden Gleichnis von Dawkins von den »Hühnern und den Zecken« (eG 215–219) genügend »Vergelter«, damit die »Ausnutzer« (der »Edelmütigen«, wie wir sie in unserem Zusammenhang nennen können) nicht die Population unterwandern und dann unvermeidlich monopolisieren. Aber, um es noch einmal zu betonen, die Reserven müssen sein; so kann der Ritter, welcher beim tollkühnen Schutz eines Kameraden im Gefecht einen Arm verliert, normalerweise sicher sein, nach erfolgreicher Rückkehr von seinen Leibeigenen ernährt zu werden (oder in jedem Fall, wenn es beim Armverlust nicht bleibt, seine Nachkommen, wenn er, wieder eine Frage des Durchschnitts, welche hat), der Bauer oder Handwerker aber nicht.

Diese *gesellschaftlichen* Verhältnisse sind, man beachte es, nur Analogien gewisser *natürlicher* Verhältnisse (= große oder anderweitig vor erheblichem Feinddruck geschützte und nicht allzu kurzlebige Tiere), keineswegs deren organische Verlängerungen oder Homologien, wie sich viele Soziobiologen ärgerlicher- und lächerlicherweise einreden – so weit ihre Fehler aus dieser Torheit hervorgehen, von welcher wir gleich ein Beispiel kennenlernen werden, besteht de Waals Kritik zu Recht. Aber der Mechanismus ist analog, jedenfalls bei unserem Thema des »Edelmuts«, und das hat subjektive Folgen.

Wie de Waal die Blindheit der »Soziobiologen« gegen gesellschaftliche statt angeborene Phänomene gerade in dem hier vorgeführten Zusammenhang für seine finsteren Zwecke ausnutzt, zeigt seine folgende Argumentation:

»Williams (…) argumentierte, Varianten, die dieses Ziel [*sc.* das Wohlergehen oder Überleben der eigenen Gruppe] im Auge hätten, gerieten rasch ins Hintertreffen gegenüber Varianten, die privaten Interessen Vorrang gäben. Natürliche Auslese begünstige Individuen, die sich erfolgreicher fortpflanzen als andere; die Interessen der Gruppe oder Spezies seien nur insofern von Bedeutung, als sie sich mit individuellen überschneiden.

Eine extreme Aufopferung, etwa von Kriegern, die in der Schlacht ihr Leben aufs Spiel setzen oder hingeben, stellt allerdings eine ernsthafte Herausforderung für diesen Gedankengang dar. Stellen diese Krieger nicht das Wohl ihrer Gruppe über ihre Eigeninteressen? Um ihr Verhalten zu erklären, stellte man die Vermutung an, überlebenden Helden oder den Familien Gefallener wüchsen hohes Ansehen und Privilegien

1 Unheil abwehrend

zu. Wäre dies tatsächlich der Fall, dann könnten Heldentaten zugunsten der Gemeinschaft in der Tat der Zeugung oder dem Überleben von Nachkommen des Kriegers förderlich sein, ein Argument, das Alexander R. A. Fisher zuschrieb. Man beachte jedoch, wie diese Erklärung moralische Mechanismen, etwa Beifall oder Dankbarkeit, in eine Diskussion über den Ursprung der Moralität einfließen läßt und somit zu einer Art Zirkelschluß führt. Zudem ist schwer vorstellbar, daß in der Praxis die Familien gefallener Soldaten besser gestellt sind als die Familien von Soldaten, die lebend vom Schlachtfeld zurückkehren« (*p.* 271 = Anm. 21 zu *cap.* 1).

Hier kommt de Waal die Blindheit vieler Biologen gegenüber gesellschaftlichen Strukturen (die ja erst auf biologischen aufbauen können, aber dann, ähnlich wie gewisse Säurereste im Genom oder Ziegel in einem Werk der Backsteingotik, zu etwas Komplexerem werden können, als sie es selbst sind) zugute, deren Komplement die ebenso lächerliche bis nur dürftig verhüllt religiöse Blindheit so vieler »Marxisten« gegenüber biologischen Strukturen darstellt – als deren übrigens wunderbar kapitalismuskompatibles Extrem mag ein gewisser Frankfurter Philosophieprofessor namens Alfred Schmidt dienen, als dessen Geistesverwandte alle gelten müssen, welche Marx' 6. Feuerbachthese zum äußerst heiligen, apotropäisch wirksamen Mantra erniedrigten. Denn Renten *1* für Kriegerwitwen u.ä. waren und sind selbstverständlich ein rein gesellschaftliches Phänomen ohne biologische Wurzel oder Parallele, und aus ökonomisch-mathematischen Gründen fallen sie trotz aller staatlichen Versprechen meistens geringer aus als die durchschnittlichen Einkünfte eines noch jungen und unversehrten Kriegsheimkehrers ins Zivilleben. (Daß die Träger der Staatsgewalt entsprechende Versprechen machen, liegt übrigens keineswegs an deren unbremsbarer, biologisch verwurzelter Dankbarkeit gegenüber ihren gefallenen Verteidigern, sondern entspricht ihrem psychologischen Kalkül, Desertionswilligen, welche gerade den Vorteil der Desertion bzw. des auffälligen Drückebergens oder Befehlsverweigerns mit der Strafe abwägen, das entscheidende kleine Zusatzgewicht auf die desertionsfeindliche seelische Waagschale zu legen. Stimmen muß das Versprechen zu diesem

Zwecke noch lange nicht, und es tut es auch nur äußerst selten und niemals lange, wie de Waal richtig beobachtet hat.)

Warum opfern sich dann Soldaten im Kriege überhaupt? Selbst **wenn** ihre Hinterbliebenen durch Belohnungen, welche über dem andernfalls erwartbaren Einkommen liegen, erhöhte Fortpflanzungschancen bekämen, so wäre dies doch ein rein gesellschaftlicher Mechanismus, auf den noch keine Selektion hätte reagieren und dadurch Verhaltensdispositionen schaffen können. Stets finden sich nach allen Kriegen durchschnittlich mehr Enkel von unversehrten Rückkehrern als von Gefallenen, und mindestens hinsichtlich der Urenkel dürften in Gesellschaften ohne satte Sozialhilfe (welche die Evolutionsfolgen für unsere Art in ihrem Wirkungsbereich ja umkehrt) sogar die versehrten Rückkehrer die geringeren Werte erreichen. *Darüber* kann de Waal also mit Recht spotten.

Aber bei unseren Rittern, also den Militär**führern**, ist das aufgrund der gesellschaftlichen Verhältnisse, die wir zunächst gestreift haben, schon ganz anders. Auch ihre Nachkommen, falls vorhanden, haben zwar keine größeren Lebenschancen, wenn sie selber fallen, aber wenn sie sich so verhalten, daß sie zumindest leichter fallen können als erkennbare Drückeberger, haben sie selber erhöhte Chancen auf ein Lehen im eroberten Land (oder, seltener, im eigenen, wenn die Vertreibung des Feindes erfolgreich war) und damit zur lokalen, notgedrungen selbstverständlich sehr seltenen Dynastiebildung. Trotzdem ist ihr durchschnittlich oder wenigstens häufig »tapferes« und daher im langjährigen Mittel mit einem vertretbaren Risiko belastetes Verhalten keineswegs Ergebnis einer natürlichen Selektion, welche dann bei Adligen völlig anders verlaufen müßte (also zur »ökologischen« Rassenbildung führen müßte wie im Tierreich bisweilen wirklich) als bei Fußsoldaten und erst recht neuzeitlichen Zwangsrekrutierten, sondern Ergebnis einer Durchschnittsüberlegung auf der Grundlage bestehender gesellschaftlicher Verhältnisse, welche einem erkennbar tapferen Ritter die Chance auf Grundbesitz oder saftige Erweiterung seines schon bestehenden Grundbesitzes und damit massive Rangfestigung oder sogar Rangverbesserung versprechen. (Da

> ↑ empfindlich gegenüber Schwankungen der Umweltfaktoren

es selbstverständlich nur um den *Eindruck* der Tapferkeit, de Waals »Selbstaufopferung« bzw. der Motiviertheit dazu, geht, wird vieles am Verhalten und dahinterstehenden Empfinden mehr der Erzeugung dieses Eindrucks als der Sache selbst dienen; da aber die Sache selbst, wenn auch nur einigermaßen geschickt präsentiert, selber ein gutes Mittel zur Erzeugung dieses Eindrucks ist – und außerdem die Konkurrenz und damit der Entlarvungswille in dieser groß ist –, wird sie eben trotz ihres Durchschnittsrisikos häufig genug eintreten bzw. vorhanden sein. Da sie sich, wie alle Verhaltensweisen neuronal dazu befähigter Lebewesen, durch Stabilisierung – »Verstärkung« – verselbständigt, kann sie in ungewöhnlich ungünstigen Schlachtsituationen auch zu hochriskantem bis ziemlich sicher selbstzerstörerischem Verhalten führen; häufig genug bleibt dieses freilich aus und weicht dem Fluchtreflex, besonders dann, wenn eine Chance zur Verständigung mit dem Sieger besteht.)

Biologisch daran ist einzig das Rangstreben; dieses allerdings bedient sich in unserem Falle gesellschaftlicher Voraussetzungen (Lehenschance, »Beförderung«), denen in der Natur einfach gar nichts entspricht, wodurch die an dieser Stelle geistig beschränkte Mehrheit der »Soziobiologen« zu lächerlichen Gestalten wird. Aber das Rangstreben als angeborenes biologisches Programm, wirksames Motiv und erklärbare Selektionsfolge bietet dennoch und ganz unmetaphorisch die im Subjekt gegebene Voraussetzung bzw. Grundlage eines unter gewissen gesellschaftlichen Gegebenheiten regelmäßig beobachtbaren Verhaltens, nicht anders als die menschliche Gewohnheit, Kleider aus Schafshaaren herzustellen und zwischen den einzelnen Anwendungen in Truhen zu lagern, die Verbreitung einer stenöken Lepidopterenart, die zuvor äußerst begrenzt war (nämlich der Kleidermotte), außerordentlich erweitert hat. (Die menschliche Gewohnheit, überhaupt Kleider zu tragen, hat sogar eine neue Insektenart zum Werden gebracht, die sich allerdings noch auf der Entwicklungsstufe der – schon sehr stabilen – ökologischen Rasse befindet, nämlich der Kleiderlaus; die Kultur ist also kein absoluter Gegensatz zur Natur, aber dennoch nicht ihre Verlängerung, wie die Soziobiologen oftmals behaupten, sondern ist das Produkt genetisch **nicht** fixierter, also erlernter Handlungsweisen, die genetisch fixierte gerade so zur Grundlage haben wie **Dressurergebnisse** von Tieren; diese wandeln angeborene, also genetisch fixierte Verhaltensdispositionen in einer Weise ab, oft bis zur Überlagerung des natürlichen Verhaltens durch ein geradezu entgegengesetztes, die außerhalb der menschlichen Gesellschaft bei den entsprechenden Tieren nicht vorkommt. Für die konspezifischen Mitglieder dieser Gesellschaft gilt grundsätzlich die gleiche Mechanik, darunter auch für Ritter und andere Soldaten.)

Läßt sich die bisweilen zum eigenen Tode führende »Tapferkeit« der Lehensanwärter nun auch als gesellschaftliches Resultat auf der biologischen Basis des Rangstrebens erklären (den Rang und damit den durchschnittlichen Fortpflanzungserfolg verbessert also *nicht* die sichtbare, evtl. tödliche Tapferkeit als solche, sondern der teilsouveräne Land- und Leibeigenenbesitz), so stellt sich immer noch die Frage, woher die analoge Tapferkeit bei Tieren kommt, welche ihr *Hordenterritorium* (und nicht, was sofort verständlich ist, Individualterritorium) gegen konspezifische Angriffe verteidigen. (Ich wüßte gerne, wie das bei Wölfen und geselligen Huftieren aussieht; soweit ich sehe, scheinen dort *gesellige* Einbrüche in fremde Territorien nicht vorzukommen, wodurch die Grundlage »soldatischer« Tapferkeit entfällt.) Zwar erklärt die »Verwandtenhilfe« dabei viel (und zur Erklärung der kollektiven Aggression gegen Individuen, nicht »Truppen«, reicht sie völlig aus), aber wo tatsächlich, wie zu Goodalls besten Zeiten am Gombe-Strom, quasi-militärische Abteilungen aufeinanderstoßen, müßte sich das von de Waal zitierte Williams-Argument bemerkbar machen. Tatsächlich greifen Schimpansen auch nur dann kollektiv an, wenn sie zahlenmäßig der feindlichen Patrouille überlegen sind, und sie töten immer nur, aber dann gezielt, Individuen der fremden Horde, wenn diese das Pech hatten, ihnen einzeln in die Hände und Zähne zu fallen und dadurch die eigene Verletzungsgefahr gering ist. Der eigene Trupp setzt einem aufgrund zahlenmäßiger Überlegenheit in die Tiefe seines eigenen Territoriums flüchtenden Trupp der Konkurrenzhorde auch niemals weit nach, erst recht nicht besonders »tapfere« einzelne Schimpansen, welche ja im Erfolgsfall weder ein Lehen noch auch nur eine militärische Auszeichnung oder höhere Rente zu erwarten haben; die Menschen zwischen Paläo- und Neolithikum machten es offenbar ganz genauso und gewiß aus den gleichen Gründen, wie aus Melvilles glaubwürdiger und persönlich darob etwas verwunderter Schilderung in ›Taipi‹ hervorgeht. Erwartungen von Grund- und Leibeigenenbesitz können jedoch wegen des angeborenen Rangstrebens dieses menschliche Verhalten nach den Prinzipien der Dressur, welche Psychologie (»Lerntheorie«) und Biologie gemeinsam erforscht haben und erklären können – nix *black box*! –, deutlich verändern.

Übrigens werden ♂ Sieger in *individuellen* Kämpfen (auch an den Grenzen der Gruppenterritorien) nach einigen Berichten von den Weibchen (auch und gerade der Fremdgruppe!) bevorzugt. Der Grund dafür ist keineswegs, daß diese sich überlegen, was für treue Verteidiger von Heim und Herd (oder gar einer eigenen Familie) diese wohl abgeben könnten in ihrer scheinbaren »Selbstlosigkeit«, sondern weil Sieger immer eine Art genetischer Selbstempfehlung sind (daher die häufigen »Paarungskämpfe«, die in diesem Fall einen sozusagen indirekten Charakter angenommen haben). ♂♂, die dieser Herausforderung nicht ausweichen *und* dabei gewinnen und beobachtet werden können, haben also eine beträchtlich erhöhte Chance, genau jene Gene zu verbreiten, welche sie zu diesem Verhalten geführt haben, und ♀♀, welche sie bevorzugen, entsprechend für die ihrigen durch einen Huckepackeffekt. Auch diese Verhaltensdisposition läßt sich als Dressurgrundlage verwerten und in jener Richtung ausbauen, welche den Herrschaftsträgern von Nutzen ist, falls sie sich bei ihren Unterworfenen ausbreiten läßt. Auf irgendein Moralkonstrukt können wir also zur Erklärung des Phänomens problemlos verzichten, auch wenn das den Dressierten, die subjektiv »für Kaiser und Reich« oder »Heim und Herd (auch der anderen »Horden«mitglieder)« sterben, ganz anders vorkommen mag.

Nur ein einziges Phänomen scheint nicht in diesen Rahmen zu passen, nämlich die bewußte »Selbstaufopferung« so vieler Soldaten im Kampf gegen einen hoffnungslos überlegenen, aber von ihnen zutiefst *verachteten* Feind. Wir konnten es im Abwehrkampf der Russen gegen die Naziarmee beobachten, wo nicht selten ein einzelner Bauer unter Vortäuschung eigenen Kollaborationswillens deutsche Einheiten in ein Minenfeld führte und dann dort mit diesen zusammen umkam, wir können es auch heute im verzweifelten Abwehrkampf so vieler Iraker gegen die ihr Land besetzenden US-Herrenmenschen beobachten; ich möchte es das »Masada-Phänomen« nennen. Dieses zutiefst sympathische Phänomen (nur Sklavenhalter und ihre *willigen* Knechte mögen es nicht, is' mal wieder »Sekte«, nich'?!) erhöht eindeutig weder die Paarungschancen seiner Träger, noch ist es Dressurergebnis gemäß der oben beschriebenen Mechanik. (Dagegen war es das oberflächlich ähnliche chinesischer Soldaten, die als *Angreifer* nach den pathetischen Ermahnungen ihrer Vorgesetzten in Kenntnis ihres Endes in vietnamesische Minenfelder liefen.) Aber das Masada-Phänomen ist auch kein moralisches Phänomen, jedenfalls nicht in seiner Reinform; es bedarf weder anfeuernder Vorgesetzter noch erzeugt seine Unterlassung Schuldgefühle; Verzweiflung und dumpfe Hoffnungslosigkeit des Menschen, der seine Selbstachtung zerstört sieht, ist nicht dasselbe. Wenn dieses typisch menschliche, den Lakaienseelen und persönlichkeitslosen Grinsewichten aller Länder so verhaßte Phänomen – lever dod as slav'!, und im antichristlich-antifeudalistischen Slavenaufstand von 983, der das geschändete Land für über 100 Jahre von Ottonen und Pfaffen befreite, wird es auch nicht selten gewesen sein – überhaupt eine biologische Basis hat, dann kann es nur der über die typisch menschliche, weiter oben als »Umkehr des Spießes durch den Körper gegen das Genom« beschriebene Reflexion vermittelte Gedanke des absoluten und ewigen Verlustes jeden Ranges sein. Vielleicht ist das die biologische Wurzel der möglichen menschlichen Selbstachtung und daher des von jeder Moral unabhängigen, weil im Unterlassungsfall mit keinem Schuldgefühl verknüpften reinen Masada-Phänomens; etwa dasselbe Phänomen beschreibt Bettelheim in seinem Buch ›Aufstand gegen die Masse‹ von todgeweihten KZ-Häftlingen, und über diese darf, wenn sie nicht gerade konsequent praktizierende Antifaschisten und daher Kommunisten waren, unsere Presse ja nicht das allerkleinste Kübelchen Dreck ausschütten. –

So zeigt sich, daß auch das abgeleiteteste Phänomen, das bei Lebewesen und daher auch unserer Art auftritt, an eine biologische Grundlage anknüpft, auch wenn es von dieser im Gegensatz zur häufigsten Ansicht der »Soziobiologen« keineswegs restlos ableitbar ist. Aber klüger als diese törichte Mehrheit ist Dawkins immer gewesen, wie durchaus die Grundfassung seiner später so unglücklich verkrüppelten »Memtheorie« beweist (eG 225*sq.*); er wird von der hiermit erledigten Kritik de Waals also nicht getroffen.

Denn in dem hier erläuterten Sinn verliert das zweifellos in kontrastierender Absicht herangezogene Diktum Goulds seinen Kontrast zu dem primären Dawkins-Zitat. All die Verhaltensweisen, die wir gerade mit Gould als »edel« charakterisiert haben, behalten zwar ohne Einschränkung ihre vormenschlichen (»biologischen«, »tierischen« usw.) Kerne, und insofern mag auch der Affe usw. »edel« sein können, was dann aber keine Neuigkeit mehr ist, **aber sie entstehen alle aus dem »Egoismus« der Gene**, ganz genauso wie die »bösen« oder »gemeinen« Verhaltensweisen, haben zu jenen nicht den geringsten kategorialen Unterschied, solange man nur ihre biologische Basis betrachtet. Ihre subjektive Wahrnehmung, die selbstverständlich auf genau der gleichen Grundlage entstanden ist, die als solche aber normalerweise nicht wahrgenommen wird, weil das evolutionär genauso überflüssig wäre wie eine Kenntnis der Folgen des Geschlechtsverkehrs bei mit dem wohlbekannten Auslösermechanismus ausgestatteten Lebewesen – diese subjektive Wahrnehmung jener Handlungen (oder eigenen Pläne) ist freilich ganz anders. Am besten betrachten wir das Phänomen anhand unseres Beispiels historisch.

Denn das »adelîche« Verhalten – Großzügigkeit mit materiellen Gütern, mutige Hilfsbereitschaft, Treue zu Absprachen – wird später subjektiv von seiner praktischen Grundlage gelöst und als solches gepriesen; so entsteht die moralische Bedeutungskomponente des Wortes »edel« in allen europäischen Sprachen (noble *etc.*) und sehr ähnlich auch im Japanischen, d.h. überall, wo eine Ministerialenschicht den politischen Aufstieg schaffte und in diesem Zusammenhang einen »Ehrenkodex« (bushidô) aufbaute, ohne welchen jener Aufstieg weder zu leisten noch zu festigen gewesen wäre. Damit tritt er aber gegenüber seiner materiellen Grundlage – von der biologischen reden wir hier gar nicht mehr – im Bewußtsein seiner Träger und sekundär auch deren Beobachtern in den Vordergrund, verselbständigt sich sogar:

> wer adelichen tuot, den wil ich han vür edel,
> swie man sins adels ahtet niht gen eime zedel [sc. Adelsbrief und darauf beruhende Erbschaft]

singt Süßkind von Trimberg im 14. Jahrhundert, wobei er als Jude, der berufsbedingt als zumindest eine Art Ritter gelten mußte, ohne es juristisch werden zu dürfen, zwar alle Ursache hatte, den Adelsbegriff zu subjektivieren, dies aber nicht gekonnt hätte, wenn er dafür in seinem Publikum aus kleinen und zweifelhaften Lehensträgern und -anwärtern dafür keine Aufnahmebereitschaft gefunden hätte. Denn es ist völlig klar, daß die »Ritterethik«, dieses Modell maximaler »Gutartigkeit« sensu Gould & de Waal, gegen alle ephemeren und punktuellen Versuchungen durchgehalten, ihrem Aufstieg als **Stand**, also kollektiv und daher auch jedem *statistischen* Einzelnen, so erheblich nützen wird wie der Diebstahlsverzicht den Krähen nützen würde, Geburtenkontrolle bei diesen vorausgesetzt. Das gelingt allerdings nur, wenn die »Ausnützer« auf »Vergelter« stoßen, d.h. wenn alle Mitglieder und Anwärter des Standes dazu **erzogen** werden, die »Ausnützer«, d.h. diejenigen Standesmitglieder, welche sich um die anstrengenden und vorübergehend einen häufigen kleinen sowie seltenen großen Eigenschaden provozierenden Negativseiten der Ritterethik zu drücken suchen, zu *bestrafen*, nämlich durch soziale Ächtung (Verlust der êre). Der so entstehende Schaden für einen unbelehrbaren »hêrre Keî«, die Schablone des sich danebenbenehmenden Ritters, wird dadurch normalerweise *größer* als der durchschnittliche Zufallsnutzen kleinlicher Gelegenheits-Vorteilsnahmen und muß das auch, um wirksam zu werden; Arbeiter stehen angesichts von Streikbrechern vor genau demselben Problem, und

1 Paarverhältnisse

bevor sie mit ihnen aussichtslos zugemüllt werden konnten (»Du mußt ein Schwein sein/Du mußt gemein sein«), reagierten sie darauf auch ganz analog zu den verflossenen aufsteigenden Kleinadligen, jahrzehntelang erfolgreich und mit steter kollektiver Verbesserung ihrer Situation, was bedeutete, daß sich *im Durchschnitt* auch die Position des Einzelnen verbesserte; es mußte nur noch die Bestrafung der »Ausnutzer« gesichert sein, und das »ethische Problem« war – hier greife ich vor – auf der Basis der **bedingten** Kooperativität« gelöst, der einzigen, auf der sich *jedes* dieser Probleme lösen läßt.

Das ist aber keineswegs die Argumentationsrichtung de Waals; er will, was mir ganz metaphysisch vorkommt, im »Guten« nur das wirklich und langfristig Uneigennützige sehen und behauptet, daß dieses in der Natur auch tatsächlich vorkomme (jener Natur, in der es ja nicht nur »gute Affen«, sondern auch »gute Termitensoldaten« gibt, nebenbei – über »Das gute Insekt« hat er aber noch nicht geschrieben, »good natured« erscheinen bei ihm inkonsequenterweise nur Landwirbeltiere). Als Beispiel dient ihm gleich zu Anfang das Los einer hand- und fußlosen, also verteidigungsunfähigen Äffin, die aber dennoch von der wichtigsten Futterstelle nicht vertrieben wurde. Um es kurz zu machen: de Waal demontiert selber wieder dieses sein anfängliches Beispiel, indem er einige Seiten später zugibt, wie besagte Krüppeläffin, die sich in eine Dienerrolle gegenüber Ranghohen geflüchtet hatte, einen sehr geringen Nutzen für andere (bzw. eine entsprechende Nutzungserwartung) mit sehr geringen Kosten für eben jene verbunden hatte, aber der emotionale Coup an seinem Publikum ist ihm erst einmal geglückt, jedenfalls bei den suggestibelsten 95 % desselben.

In Wirklichkeit haben sich diese scheinbar altruistischen Verhaltensweisen in Horden deshalb durchgesetzt, weil es bei allgemeiner Konkurrenz immer nützlich ist, Freunde zu haben; die Wahrscheinlichkeit verlängerten Überlebens und daher ihrer Fortpflanzung steigt für Affen, Delphine und viele andere, die in der Horde Bündnispartner haben, auch außerhalb echter, durch bedingte Kooperation entstandener und zusammengehaltener Dyaden. Aber Tiere und die meisten Menschen können sich das nicht überlegen und sich daher auch nicht absprechen; sie werden vielmehr, gelenkt durch ihre genetische Ausstattung (unabhängig von ihrer »Lerngeschichte«, der sie sich aber je nach genetischer Ausstattung auch unterschiedlich aussetzen und diese auch unterschiedlich verwerten werden), sich so oder so verhalten und deshalb unterschiedliche Positionen in der Horde einnehmen, mit allen Folgen. Die genetische Grundlage, welche dabei durchschnittlich die günstigsten (im Sinne des »egoïstischen Gens«) hat, wird sich dabei auf dem Selektionswege durchsetzen, z.B. diejenige, Hordenmitglieder nicht mit mehr Aufwand von einer Erdnuß zu verjagen, als diese jedes, sagen wir, zehnte Mal einbringen könnte, wo sie ein die immerhin aufwendige Aggression belohnender Zusatz zu den ansonsten Ergatterbaren wäre (bis zum zehnten Male also eher ein Verlust, aber dann kommen vielleicht doch durch genügend akkumulierte Einschüchterung des Opfers die schwarzen Zahlen), sondern zu tolerieren (z.B., wenn dieses Hordenmitglied einen schon einmal »gegroomt« hat usw.). Diese Verhaltensweise wird, wie jede andere, durch *Gefühle* vermittelt, z.B. eine Hemmung, ein solches Mitglied zu verjagen, wie es bei geringerem Futterangebot oder Hordenfremdheit reflexhaft der Fall wäre und sich auch auf die lange Sicht auszahlte. Niemals hat dabei das Genom, das aus lauter »egoistischen Genen« besteht, aufgehört, mit seinen Mitteln das Verhalten hervorzubringen; da es das nur für **Durchschnittssituationen** kann (z.B. »Hordenmitglied erscheint an der Peripherie der Futterquelle«), ist es ohne weiteres möglich, daß das entsprechend programmierte Verhalten *im Einzelfall* ein Ergebnis bewirkt, bei dem das programmierte Individuum für sich eine negative, für ein anderes eine positive Bilanz erzielt, und da das besagte Verhalten durch die Auslösung bloßer Gefühle erzeugt wurde, ist es sehr wohl möglich, daß es, entsprechende Reflexionsfähigkeit vorausgesetzt, dieses Verhalten als »altruïstisch«, »uneigennützig« oder gar »moralisch geboten« empfindet (obwohl bei letzterem noch von außen erworbene Drohungen mindestens mitschwingen), ohne daß dieses seine Determination durch die »egoïstischen« Gene jemals einen Millimeter weit verlassen hätte.

Umgekehrt haben wir die größten Hemmungen, den einfachen Sexualakt (unter Einschluß der mindestens bei gewissen Insekten, darunter etlichen Bruchiden [»Erbskäfern«], gängigen Vergewaltigung) als »altruïstische Handlung« zu kategorisieren, obwohl die ihn aktiv vollziehenden Individuen sich doch durch ihn etlichen Anstrengungen und Gefahren aussetzen, ohne daß ihre Körper dadurch, wie es beim Nahrungs- oder Wohnhöhlenerwerb der Fall wäre, mindestens adäquate Vorteile zu erwarten hätten, ganz im Gegenteil. (Allerdings findet sich der Gedanke bei manchen Dichtern dennoch indirekt an verstreuten Stellen, so z.B. in Brechts ›Dreigroschenoper‹ in der ›Ballade von der sexuellen Hörigkeit‹:

> Er meint, er ist der größte Egoïst (…)
> Drum duldet er kein Weib in seiner Näh:
> Er soll den Tag nicht vor dem Abend loben
> Denn 'vor es Nacht wird, liegt er wieder droben.)

Natürlich ließe sich in diesem Falle eher spitzfindig einwenden, von Altruïsmus könne hier nicht die Rede sein, da man potentiellen Nachkommen, die es zu diesem Zeitpunkt noch dazu niemals geben kann, keinen Nutzen erweisen kann, weil dies ihre Existenz voraussetze. (Aber der Mechanismus ist derselbe, welcher, diesmal durch das »Kindchenschema«, die Pflege schon existierender Nachkommen, manchmal auch anderer konspezifischer Jungtiere, veranlaßt, ebenso bei *allen* Gefühlen und daher Handlungen, wenn diese nicht reflektiert oder von widerstreitenden Lerngeschichten überlagert werden.) Was uns daran hindert, im Geschlechtsverkehr (unter Einschluß des erzwungenen) eine »altruistische Handlung« zu sehen, ist in Wahrheit, daß ihr jede auf Dritte (oder überhaupt andere) gerichtete Zielsetzung fehlt; wer immer ihn freiwillig durchführt, tut dies um der *angenehmen Empfindung* willen, also subjektiv »egoïstisch«, keineswegs wegen des virtuellen Vorteils anderer Individuen, deren Entstehung er oder sie vielmehr vermeidet, wenn Reflexion und Gegebenheiten dazu ausreichen; die Natur, das hat uns ein für allemal Tinbergen in seiner epochemachenden ›Welt der Silbermöve‹ klargemacht, kennt keinen »Kinderwunsch«, und das nicht nur aufgrund intellektueller Defizite der Lebewesen. Aber **jede** Handlung oder Unterlassung, ganz egal, ob wir sie als »egoistisch« oder »altruïstisch« klassifizieren, wird nur aufgrund **der mit ihr verknüpften Emotionen begangen**, welche ihrerseits, unbeschadet ihres lerngeschichtlich bedingten Überlagerungsverhältnisses, nach den Gesetzen des »Genegoïsmus« zustandegekommene Selektionsergebnisse sind. Nur unser Verstand erlaubt uns, Diskrepanzen zwischen den »Zielen« unserer Gene und unseren eigenen Zielen, d.h. der langfristig optimalen Lust/Unlust-Bilanz unserer Körper, herauszufinden und anschließend im Sinne der letzteren gegen die ersteren zu korrigieren; darunter können sehr wohl auch kollektive Ziele sein, wie z.B., daß nicht gestohlen wird und dadurch persönliche Zeit frei wird, die sonst von Bewachung oder Neubeschaffung gefressen würde, oder Geburtenkontrolle, die uns Ressourcen und Natur zurückbrächte, und vieles andere nur kollektive, das aber dem Individuum durchschnittlich nützt. Nichts anderes als diese wohl beste Anwendung unseres Verstandes meint Dawkins mit dem jedes echten Aufklärers würdigen Satz: »Wir allein – einzig und allein wir auf der Erde – können uns gegen die Tyrannei der egoistischen Replikatoren auflehnen« (eG 237). Daß damit etwas oberflächlich Moral*ähnliches* ins Spiel kommt, ganz so – und dann erlöse ich meine Leser von diesem Beispiel – wie wenn die Krähen aus Einsicht in den gemeinsamen Nutzen mit ihrem gegenseitigen Bestehlen aufhören würden –, mag de Waal auszubeuten versuchen; aber Moral als etwas von letztlich egoïstischer (»körperegoïstischer«) Klugheit, die eingesehen hat, daß ihr Plan ohne kollektive Absprache, d.h. Organisation, nicht zu verwirklichen ist, *Unterschiedenes* und Getrenntes kann nur darin bestehen, daß sie Handlungen nach abstrakten, d.h. von jenem ultimativen Maßstab des – und sei es, weil es nicht anders geht, statistisch relativierten – eigenen Nutzens abgekoppelten (also davon abstrahierenden) Prinzipien auszurichten sucht. So aber *erscheinen* uns viele unserer sozialen Verhaltensweisen wirklich, weil wir ja ihre statistisch-egoïstische Genese normalerweise nicht kennen, sondern nur – in Gestalt der ausgelösten Gefühle – mit ihren Resultaten zusammenstoßen.

Da diese im Einzelfall eine kurzfristige eigene Vorteilsnahme öfters verhindern, die langfristige aber, weil nur durchschnittlich, manchmal nicht eintrifft, können wir sie als vom primären Egoismus gelöst, ja ihm widersprechend betrachten, und wenn das passiert ist, hat ihre weitere Ideologisierung und somit Indienstnahme durch die gesellschaftlichen Macht- und Vorteilsträger keine Bremse mehr. Denn wenn es wirklich ein »soziobiologisches« Gesetz gibt, dann jenes, daß diejenigen wenigen, die immer Wein trinken können, den vielen anderen das Trinken von Wasser predigen und predigen lassen – und dazu ist die einer nicht gänzlich vom Individualinteresse (nur gestört durch das hirnlose Gen»interesse«) determinierten »Moral« einfach unersetzlich.

Auf diese Weise – in letzter Instanz jedenfalls, seine bewußte individuelle Motivation und »Lerngeschichte« kann ich nicht kennen – zieht de Waal als dessen ohne Zweifel fähigster und kenntnisreichster Gegner gegen Dawkins zu Felde (während er im Gegensatz zu diesem den geschichtlich und sogar aktuell von fremdem Blut und zertretenen Menschenleben skandalös triefenden lieben Gott passenderweise in Frieden läßt). So klar und plastisch, übersichtlich und dennoch kenntnisreich sein Buch geschrieben ist, es enthält kein einziges Beispiel für eine Moral, die die beschriebene Sonderexistenz neben dem genetisch bedingten bzw. davon zugunsten des Körpers abgeleiteten Egoismus beanspruchen könnte, also keine einzige Handlung, die sich nicht entweder durch »Verwandtenhilfe« oder durch Reziprokität, d.h. »bedingte Kooperativität« erklären ließe. (Spätestens ab *p.* 198 kommt de Waal klammheimlich selber auf diese Grundlage zurück, und auf *dieser* ist gegen seine Ausführungen auch gar nichts einzuwenden; seine von Trivers ebendort zitierte Theorie der »Entrüstung« ist von meiner eigenen der »optimalen Schmolllänge« [HOEVELS 1999] gar nicht so leicht zu unterscheiden.) Dennoch versucht er mit rhetorischen Mitteln den entgegengesetzten Eindruck zu erwecken.

Denn er schreibt historisch zu einem Zeitpunkt, an dem der Kapitalismus in sein monopolistisches Gegenteil umkippt, einem Zeitpunkt also, zu dem, weil die zu ihm eingetretene Gesellschaftsordnung den Massen der Nicht-Erben ganz wie in der Spätantike nur Mangel und Bevormundung zu bieten hat, die Erinnerung an den Egoïsmus als den Urquell aller ungestörten Handlungen das System schädigen könnte. Dagegen ehrt es Dawkins, daß er an der entgegengesetzten Einsicht aus wenigstens tendenziell besserer Zeit festhält, als der zielstrebige Einzelne noch eine Chance hatte und daher seine Zielstrebigkeit – »der Mensch, dieser unermüdliche Lustsucher« – nicht in Grund und Boden verketzert werden mußte, wiewohl sich für die praktisch chancenlose Masse auch damals die entgegengesetzten Inhalte in Gestalt der religiösen Verdummung und »Ethik« empfahlen, an denen sich verglichen mit dem Mittelalter nichts Nennenswertes geändert hatte. Dawkins dagegen verbindet diese Tradition oder wenigstens geistige Option einer allemal tendenziell besseren, zu mehr Hoffnungen als unsere Gegenwart berechtigenden Zeit mit deren Präzisierung, ihrer Anreicherung und Vertiefung durch die neueren Erkenntnisse der Wissenschaft. Das ist mutig, das ist verdienstvoll; wenn Egoïsmus der Körper und umfassender Verstand zusammentreffen, müssen sie »nur« noch die Massen erfassen, und alle wichtigen Wünsche der Menschheit wären erfüllt.

Nicht in seiner treffenden, aber seit dreihundert Jahren nicht mehr verbesserbaren Religionskritik besteht Dawkins' Bedeutung, so ehrenwert es ist, daß er sie im Gegensatz zu seinen weniger würdigen lebenden Kollegen nicht verschweigt, sondern ausspricht; in seiner eher minderwertigen Religionserklärung schon gar nicht; aber in seiner konsequenten Nutzung der wissenschaftlichen Erkenntnisse seines Faches gegen Ideologie, in diesem Falle auch gegen diejenige von einer sozusagen transzendenten, objektiv existierenden statt interessenfundierten Moral, einem sozusagen metaphysischen, letztlich interessenlosen Subjekt, wie es die »Philosophen« und andere Kopflanger aus durchsichtigen Gründen unermüdlich beschwören, hat er der Menschheit einen echten, unersetzlichen Dienst erwiesen. Das Jaulen der getroffenen Hunde belegt ihre Wut.

. — .

Es wäre unwürdig, nachdem wir uns auf einem anspruchsvollen, elaborierten Niveau über Vorzüge und Mängel eines seinerseits so anspruchsvollen Autors wie Richard Dawkins verständigt haben, zwischen den gleichen Broschürendeckeln noch auf einen bloßen Krakeeler im Dienste der katholischen Bischöfe einzugehen, welcher in deren Verlag (Pattloch, München – er gehört kollektiv und exklusiv den katholischen Bischöfen Deutschlands, und in ihm erschien auch die erste Scientologenhetze, welche so viel Leid und Entrechtung über Hunderte unbescholtener und unschuldiger Menschen brachte) eine freche Schmähschrift (›Der aufgeklärte Gott‹) gegen den klugen und mutigen englischen Biologen veröffentlicht hat. Immerhin muß man die Geschwindigkeit des Schreiberlings, einen A. Kissler, würdigen, welcher schon wenige Monate nach Dawkins' Frankfurter Buchmesseauftritt dieses Pamphlet gegen jenen herausschleudern konnte, welches auch diesen harmlosen Auftritt mit aller journalistischen Rabulistik schlechtzumachen sucht. Sein Kerninhalt ist einfach der, daß die Unvernunft sich Vernunft nennen dürfe, da sie andernfalls einer fremden Vorschrift gehorche, welche schrecklicherweise immer von Personen ausgehe, da ja niemand anders als solche Diskussionsregeln festlegen kann, und eine solche Festlegung sei eine verwerfliche, noch dazu persönliche Diktatur, der ein Katholik sich nie, nie, nie beugen dürfe.

Das war der sachliche Gehalt der schriftlichen Kapuzinerpredigt im wesentlichen; statt ihr die unverdiente Ehre einer diskursiven Widerlegung anzutun, die doch nur die zuvor zitierten ernsteren Autoren beschmutzen würde, ermöglichen wir dem Leser dieser Broschüre lieber durch Kombination erst historischer Zitate, dann der Widerspiegelung der in ihnen zugänglich gebliebenen Sachverhalte durch den katholischen Schreihals in dessen Pamphlet, sich ein Bild von dessen moralischer Statur zu machen. Zuvor darf er aber noch einmal mit einer charakteristisch entrüsteten Dummheit auf den inneren Bildschirm:

»Wie soll ein Fünfjähriger künftig einem Kind aus muslimischer oder jüdischer oder christlicher Familie gegenübertreten, wenn der Atheistenpapa ihn in den Schlaf singt mit dem Kehrreim:

Rabbis, Muftis und auch Pfaffen
Sind, wie wir, nur nackte Affen?« (*p.* 261)

Ja, was sind sie denn sonst? Selbst Herrn Ratzinger ist meines Wissens weder bei seiner Priester- noch wenigstens zu seiner Papstweihe ein Fell gewachsen, und da er zu unserer Art zu gehören scheint, ohne dies selber jemals zu bestreiten (also grundsätzlich mit einer Menschenfrau hätte fruchtbare Kinder zeugen können), gehört er auch zu unserer Säugetierordnung, den Affen eben – nur gewisse radikale Protestanten und Orthodoxe, die die Offenbarung des hl. Johannes über den Antichrist in Rom ernstnehmen, könnten ihn vielleicht noch einer Huftierordnung zuschlagen, aber selbst dann ergibt sich das schon von dem Aufklärer Lukrez erledigte Problem der Mischwesen (bei ihm exemplarisch die Kentauren). In Wirklichkeit wird einem Fünfjährigen durch den netten und fairen Vers – denn etwas Besseres als wir sind Priester und Schriftgelehrte aller Religionen tatsächlich nicht – nur ein wertvoller geistiger Horizont eröffnet, nämlich der von der Urverwandtschaft aller Lebewesen, die er durchaus grundsätzlich erfassen kann und deren Gedanke ihm erlaubt, vom nächsten Zoobesuch mit größerem geistigen Gewinn heimzukehren. Der musikalische Atheistenpapa hat also im Vergleich zum dumpf muffelnden Knierutscherpapa seinem Sprößling nur in kindgemäßer Weise eine Tür zur Realität aufgestoßen, der Knierutscherpapa dagegen zeigt ihm mit dem »lieben« Donnergott und dem etwas zweideutig blutrünstigen Lattengustel bzw. allzu süßlichen Jesulein nur drohsame, aber realitätslose Popänze. Ist unser päpstlicher Ritter von der beleidigten Leberwurst einfach zu blöd, diese Selbstverständlichkeit zu begreifen – genauso, wie er eine Seite weiter die von der Konfession her *calvinistischen* und keineswegs normalerweise jüdischen US-Ärzte, die kleine *getaufte* Knaben verstümmeln, partout nicht erkennen will –, oder versucht er nur, sein Publikum in diese dann nur gespielte Blödheit suggestiv hineinzureißen? Die Entscheidung ist schwer, denn pausenlos durchgehaltener Fanatismus kann auch wirklich blöd machen, irgendwann klebt die Bekloppheit fest; aber wir müssen den Fall ja glücklicherweise nicht gerichtlich begutachten.

Nun noch zwei Collagen, und dann ist's mal gut – hinter dem verlogenen Krakeeler (oder wahlweise: amoklaufenden Knallkopf) erscheint der düstere Umriß und der wenig wahrheitsliebende Charakter seiner geistlichen Hintermänner:

> SENATOREN TRUGEN DEN LEICHNAM DES AUGUSTUS AUF IHREN SCHULTERN ZUM MARSFELD, WO DIE VERBRENNUNG STATTFAND. AUCH FEHLTE ES NICHT AN EINEM MANN – ER WAR VON PRÄTORISCHEM RANG –, DER EIDLICH BEZEUGTE, ER HABE DIE GESTALT DES VERBRANNTEN ZUM HIMMEL EMPORSTEIGEN SEHEN.
>
> Sueton, De vita Caesarum, *cap.* Augustus; der Senator und Ex-Prätor hieß laut Cassius Dio LVI 46,2 Numerius Atticus.

»Gegen diese [*sc.* Wundererzählungen über Jesus] spricht lediglich, daß sie sich auf Handlungen beziehen, die vor zweitausend Jahren stattfanden (als solche aber **reich dokumentiert** sind)« (*p.* 48, Hervorhebung von mir). – Dokumentiert, wenn auch nicht reich, ist die Himmelfahrt des Augustus; eine immer phantastischer von Nachfolgern abgeschriebene, Jahrzehnte nach den Ereignissen von einem erklärten Nicht-Augenzeugen (Markus), aber erkennbar kritiklosen Anhänger der Bewegung verbreitete Legende kann wohl kaum ein »Dokument« genannt werden. Darum ist es sehr ungerecht, daß unser katholischer Schreihals sich andernorts so sehr über Augustus' Selbstdarstellung als Gott und »Heiland« (Σωτήρ) echauffiert; denn dessen Auferstehung und Himmelfahrt, sogar diejenige seines Vorgängers Caesar, ist erheblich besser »dokumentiert« als diejenige Jesu (und Ovid-Leser wissen, daß mindestens letztere sogar das Modell für die wundersamen Todesumstände Jesu, beide Kaiserapotheosen dasjenige seiner Himmelfahrt abgaben, lange bevor der erste Evangelist zur Feder griff). Frech oder dumm? Moralisch bedenklicher ist dieses:

> Mit sehnlichstem Verlangen [= *Summis desiderantes affectibus*] wünschen Wir, wie es die Hirtenpflicht gebietet, daß der katholische Glaube, zumal in unseren Zeiten, wachse und blühe und daß alle ketzerische Verworfenheit weit von den Grenzen der Kirche vertrieben werde. [...] Gewißlich, es ist neulich nicht ohne großen Kummer zu unseren Ohren gekommen, daß in einigen Teilen Oberdeutschlandes, wie auch in den Mainzischen, Kölnischen, Trierischen [usw.] Bistümern sehr viele Personen beiderlei Geschlechts ihrer ewigen Seligkeit vergessend und vom katholischen Glauben abfallend mit Teufeln, die als Männer [= *incubis*] oder Weiber [= *succubis*] mit ihnen Buhlschaft treiben und mittels Zauberformeln, Sprüchen, Beschwörungen [usw.] die Geburten der Frauen, die Jungen der Tiere, die Saaten der Felder [usw.] und Gemüsepflanzungen aller Art zugrunde richten und völlig zerstören. [...] So bestimmen Wir also in apostolischer Autorität, daß den Inquisitoren das Inquisitionsamt dort [d.h. wo Bischöfe gegen die Hexenverfolgung protestiert haben] auszuüben erlaubt ist und daß sie zur Besserung, Inhaftierung und Bestrafung solcher Personen wegen obengenannter Verbrechen und Laster überall zuzulassen sind [...] und die für schuldig Erkannten, welchen Standes und Ranges sie auch seien, nach ihrem Verbrechen züchtigen, in Haft nehmen, an Leben und Vermögen strafen; ebenso sollen sie in allen Pfarrkirchen dem gläubigen Volk das Wort Gottes verkündigen und alles ungehindert predigen, was zu obigen Zwecken nötig ist, was Wir aufs neue mit apostolischer Autorität bestimmen.
>
> Papst Innozenz VIII. in der 200 Jahre lang nachdrücklich verbreiteten Bulle »*Summis desiderantes affectibus*« vom 5.12.1484.

> Daß aber diese Irrtümer [nämlich daß es keine Hexen gebe bzw. die Wirkungen ihrer Aktivität nur phantasiert seien] nach Ketzerei riechen (*redolere*) und gegen den gesunden Sinn des Canon [*sc.* »episcopi«, der den Hexenglauben tatsächlich bestreitet] verstoßen, wird gezeigt zunächst aus dem göttlichen, sodann aus dem kirchlichen und bürgerlichen Rechte; dann im besonderen durch Erklärung der Worte des Canon. Das göttliche Recht nämlich schreibt an vielen Punkten vor, daß man die Hexen nicht nur fliehe, sondern auch töte. Solche Strafen würde es aber nicht eingesetzt haben, wenn jene nicht in Wahrheit und zu wirklichen Taten und Schädigungen mit den Dämonen sich verbündeten.
>
> Die Ersteren [die Hexenleugner] nämlich werden überhaupt als Ketzer gekennzeichnet durch die Gelehrten, besonders durch St. Thomas [von Aquin] in der erwähnten *dist.* IV 24,3, und zwar *in corpore*.
>
> Jakob Sprenger u. Heinrich Institoris, Der Hexenhammer, Wiss. Buchges. Darmstadt 1974, p. 3 u. 5, dem päpstlich abgesegneten und jahrhundertelang offiziell und praktisch eingesetzten Handbuch der kirchlichen Hexenjäger.

Nach den (sehr detaillierten) Anweisungen der beiden *päpstlich bevollmächtigten* Dominikanermönche Sprenger und Institoris, die auf dieser Bulle fußten, eben dem ›Hexenhammer‹, wurde *offiziell* im katholischen Machtbereich *gehandelt*, d.h. in fünf- bis siebenstelligem Ausmaß – die Ermittlung bleibt schwierig wie bei der Gesamtzahl der im 3. Reich ermordeten Juden auch – gefoltert und verbrannt, teilweise auch anders liquidiert. Wichtig ist die *verbindliche*, ausdrücklich, ausführlich und ohne jede Textverfälschung vom hl. Thomas von Aquin (dem *doctor angelicus* und *lumen ecclesiae*) abgeleitete Feststellung des »Hexenhammers«, also des dem kirchlichen Inquisitionshandeln jahrhundertelang verbindlich zugrunde gelegten Diensthandbuchs, daß eine *Leugnung* des Hexenglaubens »nicht katholisch« sei, d.h. ihrerseits mit Verbrennung zu belegen (und die »Hexerei« zugleich ein Glaubensverbrechen, nicht nur Schadenszauber, da mit prosatanischem Abfall vom Katholizismus verbunden und *deshalb* mit Verbrennung statt anderen Todesarten oder Verstümmelungen zu bestrafen). Noch Jahrhunderte später hatte der hochanständige und ebenso intelligente Jesuit Graf Spee (dessen wahrhaft vernünftiges Buch ›Cautio criminalis‹ heute wieder erschreckend aktuell geworden ist und nur dringend zur Lektüre empfohlen werden kann) sehr konkret um sein Leben zu fürchten, weil er – mit maximaler taktischer Vorsicht und anonym, aber dafür vernichtend – die Hexenverfolgung als irrational und daher unmoralisch entlarvt hatte. Ebenso wie sich über Eichmann und Himmler nicht sagen lassen sollte, sie seien hinter dem Rücken der NSDAP tätig gewesen, und Hitler (von dem ja nicht die geringste schriftliche oder auch nur mündliche Dienstanweisung zur Ermordung der Juden bekannt ist, während eine solche aus genauso autoritativer Quelle bezüglich der zuvor analog behandelten Armenier zufällig wirklich überlebt hat und vorhanden ist) mal wieder von allem gar nichts wußte. Mit diesen unbestrittenen und unbestreitbaren Tatsachen im Hinterkopf lese man nun unseren triebhaft gläubigen Pamphletisten weiter:

»Daß aber die Inquisition einen Fortschritt bedeutete, als ›sich damit die vorrationalen Mittel wie Wasser- und Feuerprobe erledigten‹ (Arnold Angenendt), und **daß Papst wie Inquisition die Hinrichtung von Hexen als Wahn verurteilten**, während weltliche Richter sich an Grausamkeiten überboten, bestreiten nur jene, die ihre Dünkel über das Dokumentierte stellen« (*p.* 161, meine Hervorhebung).

Aus der Überfülle der unbestreitbaren Dokumente sollten die beiden obigen, zugleich die wohl offiziellsten (die Bulle und das Diensthandbuch), genügen; es ist äußerst ungerecht, daß Auschwitzleugner beim leisesten Versuch zur Artikulation ihrer Meinung ins Gefängnis geworfen werden, Leugner der kirchlichen Anstifter- und primären Trägerschaft des juristisch praktizierten Hexenwahns aber nicht. Wohlverstanden: ich bin ganz und gar nicht für die gewaltsame Verfolgung der Auschwitzleugner, denn erstens verdienen viele ihrer Argumente eine öffentliche Widerlegung, die unter der dicken und dichten Drohung von Kerker und Knüppel nicht besser möglich ist als die Verteidigung der biblischen Position gegen die kirchliche in einer erzwungenen mittelalterlichen »Religionsdisputation«, zweitens schürt die apriorische gewaltsame Festlegung eines Diskussions- und Untersuchungsausgangs größte Zweifel an dessen Ergebnis, und Hitlers systematische Ermordung der Juden *hat* ja stattgefunden, *bleibt* daher im Überprüfungsfalle, aber halt nur dann, glaubwürdig, ebenso wie die kirchlich eingeleitete, inspirierte und getragene Ermordung ähnlich vieler angeblicher »Hexen« (zur Vergleichbarkeit der Zahlen berücksichtige man die jeweiligen Unterschiede der historischen Bevölkerungsdichten. Das prokirchliche Verwirrspiel hinsichtlich unseres Gegenstandes hat als realen Kern die Entstehung von **Staatskirchen** in der **Spätphase** des Hexenwahns und dementsprechend eine vorgeschobene, autonom werdende Staatsaktivität in deren Exekutivfunktionen analog zu heutigen »Gotteslästerungsprozessen«, die es gegen den *ehrlichen, aktiven* Wunsch des Papstes von heute auf morgen so wenig mehr gäbe wie separatistische Mönchsdemonstrationen in Tibet gegen den analogen des Dalai Lama).

Wohlverstanden: ginge es nach mir, so wanderte weder Prof. Irving ins Gefängnis noch Herr Kissler. Aber *wenn* jemand wegen Leugnung einer Verantwortlichkeit an historischen Großverbrechen (oder deren Existenz, was aber natürlich nur den Sinn der Entlastung der Verantwortlichen haben kann und nur deswegen empört) eingebuchtet wird, dann selbstverständlich **beide**. Und zweifellos eher unser Rabulist und nicht der englische Historiker; denn dieser hat sich erheblich mehr argumentative Mühe gegeben statt einfach in hetzerischer Absicht eine historische Lüge dahingerotzt.

Dulden sollte man ihn dennoch, selbst wenn man die Mittel zu seiner Bestrafung besäße, denn andernfalls bekäme man das wahre Gesicht der Kirche, lehrreich wie es ist, niemals zu sehen und begäbe sich noch dazu in deren Gesellschaft auf die abschüssigste Bahn – und das, obwohl unser chronischer Lügner und Leugner auch einmal im Eifer des Gefechts seine Heuchelmaske fallenläßt und ihm seine wahre Meinung über die Toleranz herausrutscht:

»Die Bibel und die Tradition definieren, was wahr ist. Die Kirche kann sich in ihrem Verkündigen nur von dieser Wahrheit leiten lassen. Es ist nicht ihre Aufgabe, die Verbreitung anderer Lehren zu **dulden**« (*p.* 136, meine Hervorhebung). (Zwar versteckt sich der Pamphletist hier hinter einem von ihm nach Kräften verteidigten Papst, dessen Position er mit diesen Worten wiedergibt, aber es ist völlig klar, daß er diese mit voller Sympathie teilt.)

Nur wenn jemand einen winzigen Sinn für Logik hat – den er heutzutage allerdings kräftig strampelnd und kämpfend gegen Schule und Medien erst durch eigene Anstrengung erwerben muß, ganz wie im Mittelalter auch –, kann er die Ungeheuerlichkeit der Aussage erfassen: denn *Duldung* ist niemals eine *Aufgabe*, sie kann nur bisweilen eine *Pflicht* sein, und diese möchte unser Bischofsschützling seinen Oberen nicht auferlegt sehen, obwohl sie ihnen in unserem Zusammenhang unbedingt aufzuerlegen ist wie allen anderen Staatsbürgern auch. Eine Aufgabe – die Ermittlung eines Weges, die Erziehung eines Kindes, die Lösung einer Gleichung oder die Befreiung einer Märchenprinzessin beispielsweise – ist immer etwas Konstruktiv-Aktives, welches Beginn und, im Erfolgsfall, Abschluß kennt; eine Duldung ist immer nur punktueller, strukturloser Gewaltverzicht, sie ist wesenhaft statisch und beschränkt sich im Falle mit der eigenen konkurrierender Weltanschauungsgemeinschaften einfach auf den kategorischen Imerativ: »Finger weg!« Aber das ist eben keine *Aufgabe* – habe ich z.B. Blattläuse an meinen Zierpflanzen entdeckt, dann werde ich sie keineswegs dulden, sondern vernichten, aber selbst wenn ich gläubiger Jain wäre und dies daher nicht dürfte, wäre es dennoch nicht meine *Aufgabe*, sie zu dulden, sondern nur meine religiöse *Pflicht*. (Meine Aufgabe könnte es dagegen sein, sie auch noch in die nächsten Treibhäuser zu schmuggeln.) In genau der gleichen Weise haben der Papst (wenigstens vor dem Faschismus, seither und durch diesen ist er schwerer zu fassen) und auf jeden Fall, da mangels Exterritorialität leichter faßbar, dessen Bischöfe die staatsbürgerliche *Pflicht*, »die Verbreitung anderer Lehren zu dulden«, aus der sie ihr Schützling gerne herausreden will.

Haben wir unter diesen Umständen noch die Pflicht, ihn und seinesgleichen zu dulden? Die Anhänger des Satzes »Keine Freiheit [hier also: Toleranz] für die Feinde der Freiheit« werden dies, wenn sie keine stinkend selektiv verlogenen Heuchler sind, zwar bestreiten, aber ich plädiere aus guten Gründen für das Gegenteil. Erstens verdirbt Zensur in allen Fällen den Charakter, auch denjenigen von Alamiisten (= Leuten, die nicht an Hexen glauben) und Atheisten (= Leuten, die nicht an Götter glauben), und davon kann ich manches Liedlein singen (genaueres in meinem Bekenntnis: ›Warum ich kein Freidenker bin‹, HOEVELS 2006a). Zweitens könnten wir, hätten wir die Macht zur Unterdrückung solcher Pamphlete und nutzten sie törichterweise auch, niemals erleben, *wie* minderwertig Dawkins' (oder Haeckels usw.) Feinde überhaupt sind; wenn die gesamte deutsche Bischofskonferenz gegen die biologisch fundierte Aufklärung in voller Freiheit und sattestem Reichtum nichts Besseres aufzubieten hat als einen derart jämmerlichen Lügner und Krakeeler, dann können in deren Argumentation nicht allzu schlimme Fehler stecken. Das aber muß man *erleben* können, und ohne Toleranz auch gegen den Krakeeler und seine Hintermänner ginge das nicht, was sehr schädlich wäre. Schließlich müssen wir auch bedenken, daß wir, egal ob von Hexen- und/oder Götterglauben frei, noch genügend andere Fehler machen können; wer keine Syphilis und keine Tuberkulose hat, muß deshalb noch lange nicht vollständig gesund sein. Da der Haß scharfe Augen hat, kann auch dem dümmsten und unansehnlichsten Krakeeler manchmal etwas auffallen, das anscheinend Vernünftigeren und Gebildeteren entgeht, und deshalb tun diese gut daran, ihm bisweilen zuzuhören und auf keinen Fall den Mund zu verbieten. Nur Vorleistungen und Extrawürste müssen ihm verschlossen sein und bleiben, insbesondere Subventionen und jede Art von Meinungs-Naturschutz.

Warum können dann bisweilen Krakeeler gegen den Vernunftprimat oder Auschwitzleugner, beispielsweise, unter Umständen tatsächlich gesellschaftlich schädlich werden? –

Ausschließlich durch die Schuld des Staates (dessen Motive leicht herauszufinden sind), der seine werdenden Bürger in seinen Schulen nicht zum logischen, den Hypothesenminimalismus achtenden und an neutralen Gegenständen hinreichend geschulten Denken und Diskutieren erzieht. Würde z.B. mein (einziges ernstes) Gebot: »Du sollst keine Worte verwenden, die Du nicht definieren kannst« überall vom zartesten Alter an anerzogen und von da an strikt beachtet, so wären wahrscheinlich wie mit einem Zauberschlag drei Viertel allen gröberen Unrechts und neun Zehntel allen Aberglaubens aus der Welt geschafft. (Deshalb brachten die englische wie die französische Aufklärung als ihre wichtigste Grundlage verbindliche **Enzyklopädien** hervor.) Solange der Klassenstaat freilich eher das Gegenteil fördert, können aktive Dunkelmänner sehr wohl zu Kristallisationskernen der allergrößten öffentlichen Gefahren werden; aber ausgerechnet den bewaffneten Bock zum Gärtner des Gartens der Meinungsäußerungen herbeirufen zu wollen, wäre noch weitaus bekloppter als alle bekloppstesten Religiösen zusammengenommen. Und umgekehrt: hat ein Staat seine Bürger eine angemessene Zeitspanne lang *doch* zum klaren Denken und rationalen Diskutieren erzogen – ohne jeden Etikettenschwindel, versteht sich – und kann dann *immer noch* von Religiösen oder Auschwitzleugnern bedroht werden, dann hat er entweder seine Aufgabe verfehlt und verdient seine Fortexistenz nicht, oder die uneingeschränkte Monarchie per striktem Losverfahren (statt Wahl oder Erblichkeit) ist die unweigerlich beste Staatsform, oder er war eben doch ein Etikettenschwindel. Genau aus diesem Grunde – um unser Reagens auf Echtheit nicht zu zerstören – brauchen wir die uneingeschränkte Meinungsfreiheit (nicht: zur Verbreitung falscher Nachrichten, denn deren Verbreiter, z.B. Brutkastenbabyerfinder, Waffenphantomdröhner, Sektenhetzer oder Ritualmordbehaupter, wissen ja, daß das, was sie verbreiten, falsch ist, äußern also gerade nicht *ihre* Meinung, sondern versuchen, in anderen eine tatsachenwidrige zu erzeugen – wobei die Beweislast, daß aktive Lüge vorlag, natürlich beim Ankläger bleiben muß). Das ist der praktische und nicht abstrakt »moralische« Grund, warum Meinungsfreiheit und daher auch religiöse Toleranz (die natürlich zwischen Scientologen und Katholiken, Juden und Moslems keinen Unterschied in der Dosis machen darf) an keiner Stelle verwässert oder mit Hintertüren versehen werden darf (die Strafgesetze für alle bleiben davon aufs extrawurstloseste unberührt), wenn die allgemeine gesellschaftliche Freiheit erhaltenbleiben oder hergestellt werden soll, auch nicht gegenüber dem sachlich gehaltlosesten Fanatiker und Schreihals. (Näheres zum Phantasieproblem, das er ja auch manchmal fast konstruktiv lostreten kann, in meinem Aufsatz zum Tode Paenultimas, HOEVELS 2007.) Aber so sehr wir ihn tolerieren sollten, so wenig darf er sich das Recht auf unsere Zeit anmaßen, die schließlich unser Leben ist, und davon hat er inzwischen mehr als genug verschlungen. Ich hoffe dennoch, daß sie mit seiner Präsentation nicht unnütz verbraucht worden ist, denn diese hat meinen Lesern wohl erlaubt, ohne *noch* größeren Aufwand zu erkennen, ein *wie* erbärmlicher Wicht da von den heutigen Bischöfen auf die größten Geister ihrer Zeit losgelassen werden konnte und mangels weniger erbärmlicher Wichte zu diesem Zweck auch mußte – wir können also nichts versäumen, wenn wir ihre Beiträge ab jetzt, es ist höchste Zeit geworden, als den Müll behandeln, der sie nun einmal werden und bleiben müssen, und wenn wir noch etwas Energie zum Lesen übrig haben, diese lieber in die Originalwerke von Richard Dawkins stecken, besonders die eigentlich biologischen.

Sollten meine Leser sie allerdings schon kennen, empfehle ich ihnen stattdessen sehr den vorzüglichen ›Hummelstaat‹ von B. Heinrich oder das mit einem viel zu kindlichen und speziellen Titel versehene, aber genauso grundlegend orientierende, ausgezeichnet geschriebene ›Warum haben Elefanten so große Ohren?‹ von Chris Lavers. Machen Sie das jetzt gleich, z.B. vor dem Einschlafen, wird Ihnen sicherlich das angenehme Gefühl eines Menschen zuteil werden, der in einer Jauchegrube arbeiten mußte und jetzt endlich in eine große und schöne und volle Badewanne kommt.

Literatur

Siglen

a) der zitierten Werke von Richard Dawkins:

eG	Das egoistische Gen. Berlin/Heidelberg/New York (Springer) 1988
bU	Der blinde Uhrmacher. München (Kindler) 1987
eR	Der entzauberte Regenbogen. Reinbek bei Hamburg (roro Tb 61337) 2000
G	Der Gotteswahn. Berlin (Ullstein) 2007, angebl. 7. Aufl.
ePh	The Extended Phenotype. Oxford/New York 1982

b) anderer Werke:

GW	Sigmund Freud, Gesammelte Werke, Frankfurt/M. (Fischer) 1952*sqq*.
KB	Ketzerbriefe (ISSN 0930-0503). Freiburg i.Br. (Ahriman) 1985*sqq*.
MEW	Karl Marx u. Friedrich Engels, Werke. Berlin 1956*sqq*.

Sonstige zitierte Literatur

Edgar DAHL: Die unerträgliche Leichtigkeit des Scheins. In: Aufklärung & Kritik 1/2008, *p.* 213*sq.*

Joachim HERRMANN: Die Menschwerdung. Wien 1986 (Lizenzausg. für den Schönbrunn-Verlag des Ostberliner Dietz-Verlags 1985)

Fritz Erik HOEVELS: Marxismus, Psychoanalyse, Politik. Freiburg (Ahriman) 1983

id.: Psychoanalyse und Literaturwissenschaft. Grundlagen und Beispiele. Freiburg i.Br. (Ahriman) 1996

id.: Gibt es eine biologische Grundlage der »Moral«? In: KB 89 (1999), *p.* 5–15.

id.: WTC-Attentat: wer war's? In: KB 104 (2001), *p.* 5–15.

id.: Warum ich kein Freidenker bin. In: KB 132 (2006a), *p.* 5–38.

id.: De l'espèce (Rezension). In: KB 133 (2006b), *p.* 74–76.

id.: Von kleinen roten Fischen und dem Tode Paenultimas. In: KB 143 (2007), *p.* 6–17.

Alexander KISSLER: Der aufgeklärte Gott. München (Pattloch) 2008

Ernst MAYR: Das ist Evolution. München (Goldmann Tb 15349) 2005
Frans DE WAAL: Wilde Diplomaten. München/Wien (Hanser) 1991
id.: Der gute Affe. München/Wien (Hanser) 1997

Das Eingangsmotto entstammt dem in England wohlbekannten Buche E. J. Trelawnys ›The Records of Shelley, Byron, and the Author‹ (hier zitiert nach der deutschen Übersetzung von Peter Hahlbrock: Edward John Trelawny, Letzte Sommer. Mit Shelley und Byron an den Küsten des Mittelmeers. Berlin 1986 [Siedler], p. 76).

Fritz Erik Hoevels

Marxismus, Psychoanalyse, Politik

Ahriman-Verlag

311 S., € 10,-/sFr 19,80
ISBN 978-3-922774-02-04

Kein Buch könnte unzeitgemäßer sein. Selten wurde jede Mode so verachtet wie in diesem Buch.

Dafür hält es, was sein Titel verspricht.

»Zugleich ist seine Analyse ein Plädoyer für Marx und Freud sowie eine Kampfansage gegen jegliche Versuche der Verfälschung ihrer Lehren. Und nicht zuletzt versteht sich sein Werk als Aufforderung zur Auseinandersetzung mit dem unverstümmelten wissenschaftlichen Nachlaß von Freud und Marx. Bekennermut statt Verdrängung, Widerspruch statt Anpassung, Achtung statt Ausgrenzung. Denn nur wer etwas zu verbergen hat, strebt zum Dunkel und versucht den Geist zu verwirren.«

SÄCHSISCHES TAGBLATT

♦ ♦ ♦

»... einer der empfehlenswertesten Einführungstexte in die Psychoanalyse.«

WIENER ZEITUNG

Die übersichtlichste kurze Einführung in die Psychoanalyse, die derzeit auf dem Markt ist. Betont werden in den letzten Kapiteln die gesellschaftlichen und politischen Konsequenzen der Erkenntnisse Freuds.

5. erweiterte Auflage
69 S., € 3,-/sFr 6,-
ISBN 978-3-922774-00-6

Auch auf Russisch, Chinesisch und Taiwanesisch!

2. erw. Auflage mit ausführlichem Nachwort von Fritz Erik Hoevels

147 S., € 9,90 / sFr16,50 / ISBN 978-3-89484-810-1

Die kompakteste und zugleich lebendigste Kurzdarstellung der Geschichte des klassischen Griechenland und des Römischen Reiches auf dem Markt. Die beiden Aufsätze belegen, wie die Marx'sche Methode authentisch angewandt wird und welchen Gewinn an Klarheit und Übersicht der Interessierte damit erzielt.

Arthur Rosenberg läßt vor dem geistigen Auge die Väter der Demokratie wieder auferstehen und zeigt, wie diese ca. 30 000 Personen in dem reichlichen Jahrhundert, in dem ihre ärmere Mehrheit tatsächlich an der Macht war, eine Gesellschaftsform aufbauten und gegen innere wie äußere Feinde behaupteten, die bis heute, 2500 Jahre danach, zu Recht als Vorbild für jede fortschrittliche Partei gilt – egal wie man sie gefälscht hat, egal wie das Original madig gemacht wird.

Fritz Erik Hoevels' prägnanter Abriß macht die Geschichte des römischen Imperiums mittels der Ökoanalyse von Marx und Engels mit wenigen Sätzen durchsichtig, ermöglicht das grundsätzliche Erfassen ihrer Anatomie.

Psychoanalyse und Literatur

282 S., €13,-/sFr 26,-
ISBN 978-3-89484-803-3

Fritz Erik Hoevels' Untersuchungen über Apuleius, Arrabal, Beckett, Orwell und Panizza zeigen in ihrer Sorgfalt, wissenschaftlichen Solidität und überraschenden, aber zwingenden Beweisführung exemplarisch, daß aller Verwässerung und Zerredung zum Trotz die Psychoanalyse wenigstens bei ihm noch kompromißlos lebendig ist – daß Freud zumindest noch (oder wieder) einen zugleich orthodoxen und fähigen Schüler besitzt.

Aus dem Inhalt: Zur Psychoanalyse des Psychemärchens und des **Apuleius** · Die Spaltung der sinnlichen und zärtlichen Strömung in **Arrabal**s Stück ›La bicyclette du condamné‹ · **Beckett**s Traurigkeit · ›1984‹ – **Orwell**s Roman im Lichte der Psychoanalyse, Nachschrift / Orwell und das sogenannte Proletariat · Eine Fetischistennovelle von O. **Panizza** · Das Tabu des bestimmten Artikels

283 S., 1 Abb., €13,-/sFr 24,-
ISBN 978-3-89484-807-1

In seinem »persönlichen Vorwort« geht Peter Priskil zunächst auf die zunehmende Unterdrückung der Wissenschaft vom Unterdrückten ein und stellt dem autobiographisch seinen Weg zur Kenntnis der Psychoanalyse gegenüber. Seine drei Beispiele beweisen deren ungebrochene Sprengkraft bei authentischer Anwendung.

Aus dem Inhalt: Infantiler Sexualkonflikt und Regression in Rainer Maria **Rilke**s Werk · Das Grauen bei Howard Phillips **Lovecraft** · »Bin das furchtsamste Tier auf Erden ...« – Das Selbstzeugnis eines religiösen Melancholikers (Adam **Bernd**)

System ubw

Zeitschrift für klassische Psychoanalyse

104 S., 7 Abb., ISBN 978-3-89484-711-1   82 S., ISBN 978-3-89484-709-8

2/07 Der »friedliche« Buddhismus und seine »bösen« Götter – die Dharmapālas • Penisneid, Kastrationskomplex, Gesellschaft • Die magische Waffe des Affenkönigs Sun Wukong **1/07** Über Oscar Wilde – eine psychoanalytische Betrachtung • ›Brokeback Mountain‹ – Der Film und das literarische Original **1/06** Die Psychoanalyse und die neueren Erkenntnisse der Biologie • Eine Kindheitserinnerung des Benvenuto Cellini **1/05** Zur Psychopathologie des modernen Alltagslebens – Teil 3: Die Genitalrasur • Maccobys Theorie des Menschenopfers und des Antisemitismus **1/04** Gedanken zum Kinofilm ›Nicht Auflegen!‹ • Zur Psychodynamik der Paranoia in ausgewählten Kurzgeschichten von Joseph Sheridan Le Fanu **1/03** Frau Holles Asylstätte • Samuel Hahnemann und die Homöopathie – Arzt oder Religionsstifter? • Eine ungewöhnliche ödipale Wunscherfüllung in Thackerays ›Henry Esmond‹ **1/02** Der Zauber des Rings – Zu J.R.R. Tolkiens ›Herr der Ringe‹ • Die Hinrichtung Ludwigs XVI. – Eine Studie zur Funktionsweise der Übertragung • Zur Psychopathologie des modernen Alltagslebens – Teil 2: Die Wahlkabine **1/01** Echnaton – Träumer, Fanatiker oder Revolutionär? • Herzog Blaubarts Burg – krankhafte Neugier und neurotische Eifersucht • Zur Psychopathologie des modernen Alltagslebens – Teil 1: Das Handy **1/00** Homosexualität, Gewalt und Verrat am Beispiel Yukio Mishimas und Jean Genets • Kafkas ›Schloß‹ **1/99** Der heilige Georg von Vittore Carpaccio • Beitrag zum weiblichen Kastrationskomplex • Ein indonesisches Totenritual **1/98** Körperwelten – Ein Ausstellungserfolg aus psychoanalytischer Sicht • Die zwei Arten des Denkens • Der unsterbliche Wanderer Melmoth und sein Geheimnis • Über Ich-Stärke und Ich-Schwäche II **1/93** Infantiler Sexualkonflikt und Regression in Rainer Maria Rilkes Werk • Verleugnung in Wilhelm Jensens ›Gradiva‹ • Ein jüdisches Speisetabu und sein Geheimnis **1/92** Die Unsterblichkeitsvorstellung im Lichte der Psychoanalyse • Zum unbewußten Gehalt des Berggeistes und anderer Dämonen des bergmännischen Aberglaubens • Über Ich-Stärke und Ich-Schwäche I **1/91** Das Handy – Eine chinesische Harnreizphantasie • »Bin das furchtsamste Tier auf Erden...« – Das Selbstzeugnis eines religiösen Melancholikers • Die neuen Speisetabus **1/90** Der Vesta-Kult im antiken Rom **1/89** Ein echter und ein unechter Fall von Inzest • Weiteres zur Symbolik der Spinne • Über Darwin und Freud **1/87** Herzopfer für Huitzilopochtli – Aztekische Mythen und Rituale im Lichte der Psychoanalyse **1/86** Der Totentanz • Zur Psychoanalyse der Ejaculatio praecox **2/85** Becketts Traurigkeit • Das Peinlichkeitsgefühl und sein Auftreten als Widerstand **1/85** Sex and Drugs and Rock 'n' Roll • Zur Psychoanalyse der Musik • Das Tabu des bestimmten Artikels • Die rechtliche Sonderstellung des Hundes im christlichen Spätmittelalter **2/84** Das Tabu der Nacktheit • Die Symbolik des Herzens • Die Polarität des Widerstandes in der gesellschaftlichen Abwehr Freuds **1/84** ›1984‹ – Orwells Roman im Lichte der Psychoanalyse • Der Wahrheitsgehalt der »Totalitarismustheorie« • Warum hilft Knoblauch gegen Vampire? **1/83** Mit Feuer das Gelüst legen – Zur Psychoanalyse der Hexenverfolgung

System ubw wird herausgegeben von Fritz Erik Hoevels und Peter Priskil
Bezugspreise ab Heft 1/98 und Neuauflagen: € 7,50 / sFr 13,50 / Abonnement-Preis: € 6,80 / sFr 12,50
Bezugspreise bis Heft 1/94: € 5,- / sFr 10,- / ISSN 0724-7923

KETZERBRIEFE
Flaschenpost für unangepaßte Gedanken

76 S., 4 Abb., 3 Faks.
ISBN 978-3-89484-239-0

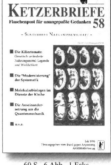

60 S., 6 Abb., 1 Faks.
ISBN 978-3-89484-210-9

Ausgewählte Artikel aus den Sonderheften Naturwissenschaft:

131 F. E. Hoevels: Grundsätzliches zum Thema »Wissenschaft und Religion« • A. Zadak: Die Ausstellung: »Evolution. Wege des Lebens« – die kirchliche Reconquista auf dem Gebiet der Biologie • B. Skalée: Getretner Quark... Zur Wiederauferstehung des aristotelischen Gottesbeweises unter dem Namen »intelligent design« **126** F. E. Hoevels: Selektionsdruck und Evolutionsgeschwindigkeit • B. Skalée: Naturschutz für Invaderspezies statt Rettung der Originalfaunen • V. Kartin: »Dein Wille geschehe« – Neurotheologisches im ›Geo‹ zum sogenannten »Freien Willen« **99** In der Öffentlichkeit weitgehend verschwiegen: Sensationelle Procynosuchus-Funde im nordhessischen Korbach oder: Archaeopteryx hat einen Säugetier-Bruder • S. Sarial: Naturforscher im Visier des Unrechtsstaates • Rezension von B. Zweistein: Thomas Görnitz: Quanten sind anders – Die verborgene Einheit der Welt **97** Terror gegen weltweit anerkannten Spinnenforscher • F. E. Hoevels: Der Krieg gegen die höheren Taxa **89** F. E. Hoevels: Gibt es eine biologische Grundlage der »Moral«? • S. Sarial: Gelbe Säcke, braune Tonnen • »4 Millionen Jahre Mensch« – Ein zwiespältiges Schauspiel • B. Skalée: Beobachtungen in einem »Naturschutzgebiet« **83** Von wegen Atom*modell*! • B. Skalée: Die neuesten Angriffe gegen Ernst Haeckel • Die Ausrottung der *Latimeria chalumnae* durch die EU • Keine Tiere mehr in großwestdeutsche Zoos! **81** F. E. Hoevels: Galápagos, Archipel der Lüge • Pressewelten – Einsichten in die deutsche Medienlandschaft **64** F. E. Hoevels: Die Objektivierung der höheren Taxa • Die Zerstörung der Biologie durch ihre eigenen Vertreter • Evolutionsbiologische Revolution! **58** Die Killertomate: Genetisch veränderte Nahrungsmittel: Legende und Wirklichkeit • Die »Modernisierung« der Systematik • Molekularbiologen im Dienste der Kirche • Die Auseinandersetzung um die Quantenmechanik

Herausgegeben vom Bund gegen Anpassung • Bezugspreise: Einzelheft € 4,50 / sFr 8,10 zzgl. € 1,25
Versandkosten. Im Abonnement (6 Hefte) € 30,50 / sFr 54,80 inkl. Versandkosten.
Erscheinungsweise: Mindestens 6 Hefte jährlich • ISSN 0930-0503